Toveren met bollen

Jacqueline van der Kloet

Toveren met bollen

Verrassende combinaties van bloembollen en vaste planten

GROEN BOEKERIJ

Kosmos-Z&K Uitgevers, Utrecht/Antwerpen

GROEN BOEKERIJ

De Groenboekerij is een serie tuin-, bloemen- en plantenboeken van Kosmos-Z&K Uitgevers, Utrecht/Antwerpen

In deze serie zijn tal van praktische en fraaie boeken van gerenommeerde auteurs verschenen voor elke plantenliefhebber. Tuinboeken, zowel voor de sier-, de moes- als de fruittuin, kamerplantenboeken, bloemschikboeken, uitgaven over vijvers, kuipplanten, bonsai en over diverse andere gespecialiseerde onderwerpen. Uitvoerige, schitterend geïllustreerde luxe standaardwerken, maar ook vele goedkope, handige gidsen verlucht met instructieve tekeningen. Let dus altijd op het Groenboekerij-vignet als u een goede groen-uitgave voor uzelf of als cadeau zoekt.

Foto blz. 2: Voor *Fritillaria persica* 'Adiyaman' is dit een ideale situatie: warm en volop in het licht. En met buurplanten die onder dezelfde omstandigheden gedijen (bonte salie, lavendel en diverse wolfsmelksoorten) wordt het een opvallende combinatie.

Omslagontwerp
Teo van Gerwen Design

Omslagfoto's
Jacqueline van der Kloet en Piet Oudolf
Henk Dijkman (foto auteur)

Foto's
Piet Oudolf: blz. 46, 62 en 98
Bert Annema: blz. 87
Jacqueline van der Kloet: overige foto's

Vormgeving en zetwerk
Text & Image/Dick van Roijen

ISBN 90 215 3471 1
D/1999/0108/083

Inhoud

Woord vooraf

Mijn vroegste herinnering aan bollen gaat terug tot in mijn kinderjaren. In mijn ouderlijk huis hing dan 's zomers de zolder vol met oude nylonkousen die gevuld waren met bollen van tulpen, narcissen en blauwe druifjes. Van een uitgebreid sortiment, zoals dat waaruit we tegenwoordig kunnen kiezen, was toen nog geen sprake. Als ik het me goed herinner, bestelden mijn ouders hun bollen uit de catalogus van de firma Bakker in Hillegom; de onwaarschijnlijk fel gekleurde fotootjes van geel-rood gestreepte tulpen, temidden van té hemelsblauwe vergeet-mij-nietjes, staan nog op mijn netvlies gegrift. In die zuinige tijd, halverwege de jaren vijftig, was het niet meer dan normaal dat je je bollen na de bloei uit de grond haalde, goed schoonpoetste en vervolgens op een donkere plek te drogen hing, waarna ze in het daaropvolgend najaar weer keurig in de aarde teruggestopt werden. Een hoop werk, maar je deed het niet voor niets, want het plezier dat je beleefde aan die eerste voorjaarsbloeiers was steevast groot.

Na een koude, grijze winter was er altijd weer een dag in februari dat je, op weg naar school, in het "oude" plantsoen tegenover het station de eerste krokussen zag bloeien. Eerst nog voorzichtige en kwetsbare eenlingen, die zich echter spoedig zouden ontwikkelen tot zeeën van lichtblauw en crèmegeel aan de voet van het standbeeld van President Steijn. Een merkwaardig contrast, die grimmige man die voor eeuwig zijn blik op het station gevestigd hield en die ieder jaar weer zo'n lieflijk lentekleed aan zijn voeten gespreid kreeg.

Met die krokussen kondigde de lente haar komst aan en het duurde niet lang of ook in de tuin bij ons huis verschenen de eerste voorjaarsbloemen: in groepjes geplante tulpen in verschillende kleuren en rijtjes narcissen die als ontheemde soldaten de verder nog kale voorjaarstuin enig cachet probeerden te geven.

De voorzomer levert allerlei soorten *Allium* op. Zoals *Allium aflatunense*, die zich thuisvoelt naast *Astrantia maxima* (Zeeuws knoopje) en *Nepeta sibirica*.

Tijdens mijn studie tuin- en landschapsarchitectuur kwam het begrip "bloembollen" eigenlijk nooit zo aan de orde. Uren studeerden we op de stand van de takken en op de zomer- en winterknoppen van diverse houtige gewassen, maar aan het fenomeen bollen werd vrijwel voorbijgegaan. Je wist dat ze bestonden en daarmee hield het op. Over de veelheid aan soorten en de toepassing ervan werd met geen woord gerept.

Een eerste vonk van belangstelling voor bloembollen sprong, denk ik, over op het moment dat ik verliefd werd op de zoon van een bloembollenkweker. Er ging een wereld voor me open, want nooit eerder kwamen bloembollen zo vaak ter sprake als daar in die familie. Van het een kwam het ander en zo is in de loop der tijd mijn belangstelling voor bollen en vooral voor de toepassingsmogelijkheden ervan gestaag gegroeid.

In mijn eigen tuin experimenteer ik al jaren met combinaties van bloembollen en vaste planten, en nu is het moment daar om erover te schrijven en te laten zien dat je met bollen veel meer kunt doen dan altijd gedacht wordt. Het is slechts de kunst van het combineren die je jezelf meester moet maken en daarvoor is er dit boek met een schat aan richtlijnen en handige tips.

Gedurende de periode dat ik achter de schrijftafel zat heb ik de vraag "En, hoe gaat het met het boek?" ontelbare malen moeten beantwoorden. Ik hoop dat ik een ieder die er toen naar informeerde niet teleurstel met dit resultaat. Het zou ondoenlijk zijn om allen die in de afgelopen periode zo belangstellend waren nu met naam en toenaam te bedanken.

Maar zoals altijd is er één uitzondering op de regel en in dit geval is dat Frans Roozen, hoofd Afdeling Productie, Voorlichting en Tentoonstellingen van het Internationaal Bloembollen Centrum. Vanaf het begin was hij een enorme steun met zijn welgemeende goede raad, zijn technische adviezen en zijn bereidheid om op al mijn vragen een antwoord te geven. Om maar niet te spreken van de bollen die hij af en toe stuurde met het verzoek ze uit te testen. Mijn dank aan hem is groot!

Jacqueline van der Kloet

Een tuin zonder bollen is geen tuin

In januari, bij het verschijnen van de eerste winterakonieten, is het nog iets te vroeg, maar zo gauw als de vroegste narcissen (zoals 'February Gold') gaan bloeien, begint mijn telefoon te rinkelen. Alsof iedereen in winterslaap is geweest en opeens tot het besef komt dat er nodig iets aan de tuin moet gebeuren, voordat het voorjaar in volle gang is.

Nadenken over de effecten

Wanneer het tot een afspraak voor een tuinadvies komt, blijkt meestal snel dat er uitgebreid nagedacht is over de hagen ("liefst groenblijvend") en de kleur van de rozen ("die moet absoluut passen bij de kussens van de nieuwe tuinstoelen"). Maar als ik voorzichtig opper dat de tuin ook in het vroege voorjaar al kleur kan hebben en dat bloembollen daarbij een belangrijke plaats innemen, verstrakken meestal de gezichten en volgt niet zelden een afwijzend antwoord. Op zo'n moment heb je als adviseur stevige stoute schoenen nodig om verder te gaan op het eenmaal ingeslagen pad. En groot is de triomf als je dan uiteindelijk toch je zin krijgt in de vorm van toestemming om in bescheiden mate "iets met bloembollen" uit te proberen en "dan zien we daarna wel weer verder".
Eigenlijk is het ook wel begrijpelijk dat er vaak zo terughoudend gereageerd wordt, want het grootste deel van de voor- en achtertuintjes in ons land geeft in het voorjaar nou niet bepaald het goede voorbeeld. Roze en blauwe hyacinten tegen een achtergrond van geelbloeiende forsythia, groepjes van steeds precies tien narcissen die als opgepropte, stijve boeketjes langs de rand van het gazon staan en blauwe druifjes die het moeten opnemen tegen de laatste restanten kakelbonte winterviolen. En niet zelden wordt deze parade aangevoerd door een aantal zeer grootbloemige tulpen die stuk voor stuk regeren over hun eigen kale aangeharkte stukje zwarte grond.
Hoe groter de tuin, hoe massaler de aanplant. Maar de fout die dan dikwijls gemaakt wordt is dat er in zo'n grote tuin nóg meer soorten bijgeplant worden, waardoor juist versnippering en onrust ontstaan en het bedoelde imponerende effect volledig verloren gaat. Liever weinig (goed op elkaar afgestemde) soorten in grote hoeveelheden dan veel soorten in kleine groepjes.
Dat het – over het geheel genomen – anders moet is duidelijk: bloembollen moeten mogen meespelen in het grote spel dat al door alle andere deelnemers in de tuin gespeeld wordt. Het spel van afwisseling, verrassing én de juiste combinaties waarin de medespelenden (bomen, heesters, vaste planten, eenjarigen én bollen) er samen voor zorgen dat de tuin het hele jaar door een plek is waar je met plezier naar kijkt en in verblijft.

De wensen van de planten respecteren

Niets is dan zo belangrijk als de juiste bol op de juiste plek, want iedere tuin is anders. Grondsoort, ligging ten opzichte van de zon en de invloed van wind zijn om te beginnen al bepalende factoren, maar daarnaast speelt de persoonlijke smaak ook een grote rol.
De eerste factoren, grondsoort en klimatologische omstandigheden, zijn bepalend voor het plantensortiment dat je in een tuin kunt gebruiken. Zo langzamerhand weet iedere tuinliefhebber dat je op kleigrond geen heidetuin aanlegt en dat het verwezenlijken van een rozentuin op pure zandgrond ook vragen om moeilijkheden is.
Gelukkig groeit het besef dat je veel meer plezier kunt hebben van een tuin als je rekening houdt met de wensen van de plant en alleen gebruik maakt van die soorten die het op jouw grond en in jouw omstandigheden goed doen. Dan is succes verzekerd. En dat geldt voor bomen, heesters, vaste planten, eenjarigen en ... natuurlijk ook weer voor bollen.

'February Gold' is de vroegstbloeiende narcis: onmisbaar in de voorjaarstuin en op haar mooist in grote hoeveelheden die de voorzichtig opkomende groepen vaste planten met elkaar verbinden.

Sommige bollen zijn niet alleen mooi om hun bloei, maar hebben ook aantrekkelijk blad. Herfsttijloos (*Colchicum*) bloeit in het najaar, maar komt pas in de lente met enorm blad tevoorschijn. Een opvallend accent wanneer deze bollen tussen kleinbladige bodembedekkers geplant staan.

Wie dus eindelijk de grote stap wil wagen en, zij het nog enigszins voorzichtig, besluit om bloembollen een kans te geven, doet er goed aan om eerst uit te zoeken welke bollen in zijn of haar tuin kans van slagen hebben. De verleiding van een mooie bloembollencatalogus kan immers maar al te snel voor verkeerde beslissingen zorgen. Als hulp bij het bepalen van een keuze is achterin dit boek een in chronologische volgorde (naar bloeitijd) opgesteld overzicht opgenomen, waarin vele soorten en hun eigenaardigheden uitgebreid aan de orde komen.

De kunst van het combineren

Wie eenmaal over de drempel heen is en besloten heeft om bloembollen in zijn of haar tuin een kans te geven, moet allereerst één ding voor ogen staan: planning, en misschien zelfs wel planning op lange termijn, is de basis voor succes. Eigenlijk zou je een heel jaar lang van maand tot maand moeten opschrijven welke plekken in de tuin een aanvulling met bollen kunnen gebruiken. Het gaat daarbij om de kunst van het combineren, om het samenspel van bollen met vroegbloeiende of vroeg in blad komende vaste planten, maar ook om het verrassende effect van bollen tegen een achtergrond van bladhoudende heesters zoals struikklimop, *Viburnum*, hulst en buxus. En verder gaat het natuurlijk ook om bollen als kleuraccent bij laatbloeiende vaste planten of (najaars-)bollen als felgetinte penseelstreekjes tussen verkleurend herfstblad.
Met het maken van goede combinaties voorkom je dat de bollen verloren in de tuin lijken te staan; nú horen ze ergens bij en dat maakt een wereld van verschil. Tegelijkertijd krijgt de vaste beplanting al vroeg in het jaar een extra uitstraling. Zo hebben beide types beplanting profijt van elkaar.
In een goed doordachte tuin worden bepaalde groepen vaste planten of heesters op verschillende plekken herhaald, ter bevordering van de rust en de eenheid in de tuin. Voor bollen geldt hetzelfde verhaal: combinaties die hier en daar terugkeren brengen lijn in de tuin. Wanneer de bollen tussen de aanwezige vaste planten geplant worden, hebben die combinaties ook nog een ander voordeel: op het moment dat de bollen aan het einde van hun bloeitijd zijn en er minder mooi uit gaan zien, nemen de vaste planten het over. Met hun steeds groter wordend blad onttrekken zij het geel wordend en ten slotte verdrogend blad van de bollen aan het zicht, zodat dat in alle rust kan afsterven. Afknippen van lelijk wordend blad is uit den boze, want uit dat blad haalt de bol zijn voedingsstoffen en voorraad voor een nieuw groeiseizoen.
Welke combinaties er toegepast worden is natuurlijk voor een groot deel afhankelijk van de persoonlijke smaak, maar het spreekt eigenlijk vanzelf dat een tuin waarin bollen qua structuur en grootte zijn afgestemd op hun reeds aanwezige partners, de meeste indruk maakt.

Januari

Over sneeuwklokjes en nonnen
Het sneeuwklokje (*Galanthus*) heeft haar naam gekregen omdat het in de sneeuw kan bloeien en omdat het met haar klokgelui andere bloemen uit hun winterslaap wekt. In Engeland is het behalve onder de naam "Snowdrop" ook bekend als "Candlemas-bell". De reden daarvan is dat het vaak bloeit op de tweede dag van februari, die Candlemas Day wordt genoemd. Dat is de dag waarop Maria het kindje Jezus meenam naar de tempel van Jeruzalem en op die dag wordt er ter harer ere feest gevierd.
Maar behalve aan Maria werd het sneeuwklokje later aan alle maagden gewijd en vooral aan hen die het klooster waren ingegaan. Het kwam dan ook veel in kloostertuinen voor en fungeerde daar, met haar eenvoudig voorkomen en gebogen kopje, als symbool voor de stille, bescheiden nonnen die in gebed verzonken met gebogen hoofd door de gangen van het klooster schreden.

Bollenexposities
Vanaf begin januari is er een aantal tentoonstellingen op het gebied van bollen die je alvast in lentestemming brengen en waar je soms heel bijzondere soorten aantreft. De data wisselen jaarlijks, dus van tevoren even bellen.

CNB Midwinterflora in Lisse, tel. 0252-431431
Driebanflora in Venhuizen, tel. 0228-542882
Westerkoggeflora in De Goorn, tel. 0229-541980
Westfriese Flora in Bovenkarspel, tel. 0228-511644
Lentetuin Breezand in Breezand, tel. 0224-591243

Het pepernotengevoel

In augustus is dan eindelijk het moment aangebroken om definitieve keuzes te maken en bollen te bestellen. De bollencatalogi zijn inmiddels in de bus gevallen en met een tuinschrift vol notities bij de hand kan je daar zo verlekkerd in zitten bladeren. Maar omdat de plaatjes die daarin staan natuurlijk op het meest gunstige moment geschoten zijn, is het verstandig om van tijd tot tijd de bollen ook eens te gaan bekijken in de periode waarin ze in bloei staan. Een echte fanatiekeling heeft dat dan natuurlijk al lang gedaan en weet met welke ogen zo'n catalogus bekeken moet worden.

Niettemin is het uitzoeken van bollen altijd weer een opwindende gebeurtenis. "Kiezen doet verliezen" en "Overdaad schaadt" zijn oude wijsheden die dan zeer van pas komen en die in de kantlijn van ieder tuinschrift genoteerd zouden moeten staan. Daarmee bespaar je je een hoop ellende, want voor je het weet wordt het weer een tuin waarin je duizelig wordt van de veelheid aan vormen en kleuren. Niet doen dus, maar voorzichtig beginnen en het eerste jaar alleen die soorten kiezen die niet al te moeilijk zijn en waarmee in de gewenste combinatie eigenlijk niets fout kan gaan.

Voldoende licht en voldoende in aantal

Met dat voorzichtige begin ben je er nog niet, want de keuze van de bollen hangt ook nauw samen met de plek in de tuin waar ze terecht zullen komen. Het sleutelwoord is in dit geval fotosynthese. Dat houdt in dat bollen minimaal drie maanden per jaar gedurende 4-6 uur per dag licht nodig hebben om te kunnen doorgroeien en opnieuw te bloeien.

Bollen die op een te donkere plek staan produceren op een gegeven moment alleen maar blad en laten op die manier weten dat ze het niet naar hun zin hebben. De oplossing is dan: opgraven en verplaatsen naar een plek met meer licht. De meest geschikte periode hiervoor is juni-juli. Na het verplanten bloeien ze het eerstvolgende jaar niet, maar het jaar daarop wel omdat ze dan in de tussenliggende tijd weer veel meer licht gekregen hebben. Wanneer met deze hindernis ook rekening gehouden is kan de bestelling de deur uit. Daarbij is het best lastig om te bedenken hoevéél je van iedere soort wilt hebben, maar voorop staat dat je beter minder soorten in grote aantallen kunt bestellen dan veel soorten in kleine hoeveelheden. Van de kleinste soorten zoals krokussen, blauwe druifjes en sneeuwklokjes heb je al snel honderd tot hondervijftig stuks nodig om het gewenste effect te krijgen. De middelhoge soorten (tulpen, narcissen, sieruien etc.) zijn pas echt aanwezig wanneer ze in groepen van veertig tot vijftig stuks geplant worden en van de allergrootste, zoals *Eremurus*, heb je aan drie tot zeven stuks voldoende voor veel effect.

Het bed spreiden

Voordat de leverdatum aanbreekt is het nuttig om de tijd die overbrugd moet worden te besteden aan het spreiden van een bed: het plantklaar maken van die delen in de tuin waar de bollen straks een plekje zullen krijgen. Hou er rekening mee dat de meeste bollen (op enkele uitzonderingen na) geen permanent natte grond verdragen; water moet redelijk snel afgevoerd kunnen worden zodat de bollen niet voor langere tijd met hun voeten in drassige aarde staan. Anderzijds moet de grond wel een bepaalde hoeveelheid vocht kunnen vasthouden omdat bloembollen niet diep wortelen en zeker tijdens de groei ook vocht nodig hebben.

Op zandgrond zullen de resultaten altijd minder zijn dan op veen- of kleigrond, maar eventueel kan de structuur van deze armere grondsoort verbeterd worden door menging met compost. Kleigrond kan wat minder "vet" en meer waterdoorlatend gemaakt worden door menging met compost of zand.

..."a host of golden daffodils"...

Strooien voor het planten

Uiteindelijk is het dan zo ver en komt het allerbelangrijkste moment: het planten. Niet in rijtjes of in dichte groepen, maar zó dat vaste beplanting en bollen er straks op hun mooist uitzien en op een natuurlijke manier met elkaar verweven lijken te zijn. In Engelstalige boeken wordt dat zo treffend omschreven als "planting in long drifts", maar mij geeft het altijd, zij het wat minder poëtisch, het "pepernotengevoel". Dat betekent dat je op het moment suprème je hand in de zak met bollen stopt en ze, met een brede armzwaai en alsof je voor Zwarte Piet speelt, in de richting strooit van de plek waarvoor ze bestemd zijn.

Het gevolg is dat sommige bollen met tien bij elkaar op een kluitje zullen komen te liggen, dat andere wel wat heel erg ver uit de richting gerold lijken te zijn en dat daartussenin wisselende aantallen bollen min of meer in elkaars buurt terechtgekomen zijn. Ze worden geplant op de plek waar ze gevallen zijn, waarbij die paar die eigenlijk te ver liggen vooral niet stiekem bij de rest gelegd mogen worden en het resultaat is verbluffend: inderdaad "long drifts".

Soms zal het wat lastig zijn om op deze manier te werk te gaan, omdat sommige vaste planten op het tijdstip dat de bollen geplant moeten worden nog te bossig of te hoog zijn, of omdat de bolletjes aan de kleine kant zijn. Van alles wat je strooit is dan de helft niet meer terug te vinden. Dan is het een kwestie van proberen de hiervoor omschreven methode zo goed mogelijk na te bootsen en steeds maar dat pepernotengevoel in gedachten te houden.

Daarbij is het belangrijk om te weten dat bij kleine bolletjes geen onderscheid gemaakt hoeft te worden tussen onder- of bovenkant. Grotere bollen met een duidelijke bovenkant en een wortelaanzet worden het liefst "op hun gat" geplant: met de wortels aan de onderkant.

Blauw is een tint die in het voorjaar relatief veel voorkomt. Echt blauw is *Scilla siberica*, een soort die zich enorm kan uitzaaien. Mooi naast het vroege blad van *Geranium phaeum* en *Pulmonaria*.

Februari

The daffodils

I wander'd lonely as a cloud
That floats on high o'er vales and hills
When all at once I saw a crowd,
A host of golden daffodils,
Beside the lake, beneath the trees
Fluttering and dancing in the breeze.

Continuous as the stars that shine
And twinkle on the milky way,
They stretch'd in never-ending line
Along the margin of a bay:
Ten thousand saw I at a glance
Tossing their heads in sprightly dance.

The waves beside them danced, but they
Out-did the sparkling waves in glee:
A poet could not but be gay
In such a jocound company!
I gazed – and gazed – but little thought
What wealth the show to me had brought.

For off, when on my couch I lie
In vacant or in pensive mood,
They flash upon that inward eye
Which is the bliss of solitude;
And then my heart with pleasure fills
And dances with the daffodils.

William Wordsworth, 1770-1850

Passen en meten tijdens het planten

Als er om de een of andere reden niet direct geplant kan worden, moeten de bollen in de tussentijd zo koel, donker en droog mogelijk worden bewaard. Een aantal soorten – zoals *Anemone*, *Allium paradoxum*, *Allium ursinum*, *Corydalis bulbosa*, *Crocus*, *Erythronium*, *Fritillaria meleagris*, *Galanthus*, *Leucojum vernum* en *Lilium* – heeft al snel last van uitdrogingsverschijnselen. Daarom moeten deze soorten, zolang ze niet geplant kunnen worden, koel bewaard worden in bakken met zand of turfmolm. De laatste jaren worden bollen die snel uitdrogen ook nog wel eens "in de was gezet": een beschermend waslaagje maakt ze dan minder kwetsbaar.

Het juiste planttijdstip

Hoe vroeger bollen bloeien, hoe eerder ze de grond in willen. De beste periode voor het planten van vroegbloeiende bolgewassen is eind september-begin oktober. In de loop van oktober zijn de overige soorten aan de beurt. Wacht daarmee overigens niet te lang, want bollen vormen het mooiste wortelgestel als de grondtemperatuur nog enige tijd tussen de 5 en 10 °C is.
Als de wortels zich eenmaal ontwikkeld hebben zijn de meeste soorten goed bestand tegen vorst en is extra afdekken niet noodzakelijk. Strooi in géén geval turfmolm over de pas geplante bollen, want na een eerste regenbui blijft al het vocht hierin hangen en dat geeft de bollen het gevoel alsof er een natte deken over hen uitgespreid ligt. En dat komt hun verdere ontwikkeling niet ten goede. Als je er toch aan twijfelt of een bepaalde soort een strenge winter wel zal doorstaan, dek die dan zodanig af met een paar over elkaar gelegde dennentakken dat er nog lucht bij kan komen.

Algemene regels voor de plantdiepte

Voor de meeste bollen geldt als vuistregel dat de plantdiepte bepaald wordt door de grootte van de bol. Dat houdt in dat de laag aarde die de bollen gaat bedekken minimaal twee maal zo hoog moet zijn als de hoogte van de bol; een bol van 3 cm hoogte moet dus onder minstens 6 cm aarde gestopt worden, maar liefst nog iets dieper. Op zandgrond wordt in ieder geval dieper geplant in verband met het eventuele uitdrogen van de bollen. Bollen die te ondiep geplant worden kunnen geen goed wortelstelsel vormen en dat zal aan hun ontwikkeling en aan de bloei te zien zijn. Bovendien lopen ondiep geplante bollen de kans eerder te bevriezen.

Speciale gevallen

Enkele soorten vormen sneller wortels als ze eerst een etmaal voorgeweekt zijn: gewoon in een ondiepe bak met niet al te koud water. Daarna willen *Anemone* (*A. blanda* en *A. coronaria*) en *Eranthis* ook nog eens diep geplant worden, liefst minimaal 7 cm.
Sneeuwklokjes hoeven geen bad vooraf, maar willen wel graag diep onder de grond gestopt worden, vooral op droge grond: minstens 10 cm diep. Als sneeuwklokjes te hoog geplant worden heeft dat onvermijdelijk tot gevolg dat ze alsnog dood gaan, of beschadigd worden op het moment dat naburige vaste planten gescheurd of vervangen worden.
Om narcissen en tulpen te kunnen laten verwilderen is het noodzakelijk deze ook extra diep te planten, op een diepte van ongeveer 20 cm (15 cm aarde op de bol). Deze soorten breiden zich uit door middel van ondergrondse bijbollen, en door ze diep genoeg te planten hebben de ondergrondse delen meer ruimte om zich in de komende jaren tot grote groepen te ontwikkelen. Bovendien zijn ze voorlopig dan ook beter beschermd tegen de vorst.

Narcis 'Jenny' begint te bloeien met een uitgesproken gele trompet, maar deze verkleurt tijdens de bloei geheel naar roomwit. Mooi tussen *Geranium macrorrhizum*, *Pulmonaria angustifolia* en *Primula elatior*.

De tere kleuren van narcis 'Louise de Coligny' (roomwit met abrikoosgeel) komen goed uit tegen het heldergroene blad van speenkruid en fluitekruid.

Een laatste uitzondering vormen *Eremurus* en *Lilium candidum*: de stervormige punten van de eerstgenoemde bol moeten in een voldoende ruim plantgat voorzichtig uitgespreid worden, op een zodanige manier dat het centrum van de bol nèt onder het aardoppervlak komt te liggen. *Lilium candidum* stelt dezelfde eisen: slechts een paar centimeter aarde op de bol.

De plantafstand

Voor de afstand die tussen de bollen onderling aangehouden moet worden bestaat ook een regel, maar die stamt nog uit de tijd dat bollen in keurige vakken of op rijtjes geplant werden. Die afstand zou dan twee tot drie maal de breedte van de bol dienen te bedragen, maar aan die norm kan worden voorbijgegaan op het moment dat bollen juist op een natuurlijker manier in de tuin ingepast worden.

Bemesting

Over het al dan niet toedienen van mest lopen de meningen zeer uiteen. Het vraagstuk is vanuit allerlei invalshoeken bekeken en zo zijn er inmiddels vele gezichtspunten, die echter ieder op zich weer gebaseerd zijn op specifieke situaties; daarom is het heel moeilijk om een aantal richtlijnen te geven. Bovendien zou je ervan uit moeten gaan dat op het moment dat bollen op een natuurlijke manier worden toegepast, de soorten aangepast zijn aan de plaatselijke omstandigheden, waardoor het toedienen van extra mest eigenlijk overbodig wordt.
Maar omdat in bepaalde situaties bollen beter bloeien of een volgend jaar in grotere aantallen terugkomen als ze regelmatig mest krijgen, volgen hier enkele noodzakelijke wetenswaardigheden.
De meest gebruikte meststoffen zijn een bepaald type kunstmest, gedroogde koemestkorrels en compost; de

twee laatstgenoemde verdienen de voorkeur omdat het "natuurlijke" meststoffen zijn. Wat de kunstmest betreft zijn er twee varianten: N-P-K 7-14-28 voor op lichte gronden zoals zandgrond en N-P-K 12-10-18 voor zwaardere gronden, bijvoorbeeld kleigrond. Met N-P-K wordt de verhouding tussen stikstof, fosfor en kalium bedoeld.
De mestgift wordt meestal verdeeld in drie porties, die gespreid over het jaar worden toegediend. Het voordeel daarvan is dat bij een beperkte hoeveelheid mest per keer de wortels van de bollen in staat zijn de volledige gift meteen te verwerken. Van de kunstmest wordt in totaal jaarlijks 200 gram per 10 m^2 gegeven, van de koemestkorrels 2,5 kg per 10 m^2 en van de compost eenderde kubieke meter per 10 m^2.
Een derde van de totale hoeveelheid wordt gestrooid bij het opkomen van de bollen. Vervolgens een derde direct na de bloei, omdat de eigenlijke bol, die in de maanden april-mei-juni gaat groeien, dan veel behoefte heeft aan voedingsstoffen. De laatste portie wordt toegediend in augustus-september om nieuwe wortelvorming te stimuleren.
Wie wel wat maar niet te veel mest wil geven, kan overwegen om maar één keer te mesten; dan is de periode direct na de bloei het meest aangewezen tijdstip.
Het gunstigste moment van uitstrooien is vlak voor of tijdens een regenbui, omdat (met name bij kunstmest) de stoffen dan direct worden opgelost. Overigens kan in tuinen met een zware grond, zoals kleigrond, de bemesting in de eerste twee jaar overgeslagen worden omdat deze grond van zichzelf voorlopig voldoende voedingsstoffen heeft.

Maart

Reis van de ziel

Iris is in de mythologie de bode van Juno die de zielen van gestorven vrouwen naar de hemel mocht brengen. Op haar tochten naar de aarde liet ze daar steeds een veelkleurige sluier achter, die regenboog genoemd werd.
De uiteenlopende kleuren van die regenboog zijn terug te vinden in de bloemen van de iris. Als herinnering aan de reis van de ziel naar de hemel wordt de iris nog regelmatig op grafstenen afgebeeld.

De juiste plek voor narcissen

De meeste narcissen bloeien in maart en april. Sommige liever in de zon, andere in de schaduw.

In volle zon:
N. 'Actaea'
N. 'Bell Song'
N. *bulbocodium conspicuus*
N. *canaliculatus*
N. 'Minnow'
N. *odorus* 'Plenus'
N. 'Pipit'
N. *poeticus recurvus*
N. *pseudonarcissus obvallaris*
N. 'Quail'
N. 'Rip van Winkle'
N. 'Salomé'
N. 'Satin Pink'
N. 'Sundial'
N. 'Topolino'

In gedeeltelijk schaduw:
N. 'Actaea'
N. *bulbocodium conspicuus*
N. *canaliculatus*
N. 'Hawera'
N. 'Little Beauty'
N. 'Petrel'
N. *poeticus recurvus*
N. *pseudonarcissus obvallaris*
N. 'Salomé'
N. 'Satin Pink'
N. 'Thalia'
N. 'Topolino'

In volle zon, in gedeeltelijke en volledige schaduw:
N. 'February Gold'
N. 'February Silver'
N. 'Jack Snipe'
N. 'Jenny'
N. 'Quince'
N. 'Tête-à-Tête'

Bollen bóven de grond

Soms ben je niet gezegend met de luxe van een tuin, maar heb je wel de beschikking over een binnenplaatsje, een dakterras of een balkon. Dan ben je aangewezen op beplanting in potten, kuipen, bakken, manden of zelfs in doodgewone, zwarte plastic containers. Die laatste hebben trouwens als voordeel dat ze niet kapot kunnen vriezen en dat de aarde er minder snel in uitdroogt dan in stenen potten. Wat je ook gebruikt, bijna alles kan gevuld worden met bollen en als dit op de goede manier gebeurt, heb je daar in een volgend seizoen veel plezier van.
Overigens is het voor degenen die wél een tuin hebben ook de moeite waard om eens te experimenteren met bollen in potten. In de eerste maanden van het jaar is er altijd wel ergens een strategische plek in de tuin die er opeens heel anders uitziet als daar een pot met vrolijke voorjaarsbollen staat te bloeien.

De potten en hoe ze te beplanten

Het omgaan met bollen in potten is iets dat wel enige zorg vereist. Je kunt niet zomaar wat bloembollen in een pot met aarde stoppen, de pot wegzetten tot de volgende lente en dan verwachten dat er een wonder gebeurt. De weg naar succes is echter vrij eenvoudig als je stap voor stap te werk gaat en begint met de meest gemakkelijke soorten en combinaties.
Heel belangrijk daarbij is de keuze van de pot; die moet groot genoeg zijn, want de bollen moeten niet de kans lopen om in te weinig aarde te verdrogen. Minimaal 25 cm hoog en breed is een mooie maat om mee te beginnen. Daarbij mogen de wanden van de pot niet te schuin weglopen, want anders staan de buitenste bollen nauwelijks in de grond.
Maak de pot goed schoon en leg daarna een laagje scherven of kleikorrels op de bodem. Dat laagje zorgt ervoor dat overtollig regen- of gietwater goed kan weglopen, want bollen hebben er een hekel aan om in natte grond te staan. Bovenop deze luchtige afvoerlaag komt een laagje potgrond van ca. 10 cm. Daarin worden de bollen geplant; niet te dicht op elkaar (ze mogen elkaar niet raken) en ook niet te dicht tegen de rand van de pot, omdat de vorst straks ook aan de zijkanten van de pot naar binnen dringt. Ten slotte wordt nog zoveel potgrond op de bollen aangebracht als ze ook in de volle grond geplant boven zich zouden krijgen.

Niet te koud, niet te warm

In potten en bakken zijn bollen gevoeliger voor temperatuurwisselingen. Daarom is het raadzaam de potten bij strenge vorst op een beschutte plek bij elkaar te zetten en ze eventueel te beschermen door er een stuk rietmat omheen te plaatsen. Ook het bubbeltjesplastic dat als verpakkingsmateriaal gebruikt wordt, het zogenaamde noppenfolie, kan in zo'n geval goede diensten bewijzen: wanneer het om de buitenste potten heen gewikkeld wordt heeft het een zodanig isolerende werking dat ook de binnenste potten ervan profiteren. Een derde mogelijkheid is om de potten aan de binnenzijde te bekleden met hetzelfde, isolerende, noppenfolie. Dat geeft de bollen optimale bescherming en het voordeel hiervan is bovendien dat de pot zelf nu veel minder vochtig zal zijn, waardoor de kans op kapotvriezen minimaal is. En wie er de ruimte en de mogelijkheden voor heeft, kan de potten ingraven in de grond en bedekken met een flinke laag aarde, blad of dennentakken.
De potten mogen absoluut niet te warm en te donker staan, dus niet in een verwarmde schuur of garage, want dan lopen de bollen te snel uit en zullen door gebrek aan licht gaan rekken en sprieterig worden.

Letten op de vochtvoorziening

Na het planten moet er regelmatig water gegeven worden om ervoor te zorgen dat de bollen zo snel mogelijk wortels vormen. Een bol krijgt pas weerstand als "zijn

huis gebouwd is", wat wil zeggen dat hij een wortelstelsel gemaakt heeft.
Maar ook in de loop van de winter moeten de potten regelmatig begoten worden, want de kans op uitdroging blijft altijd aanwezig. Vooral op balkons en dakterrassen is water geven een must omdat de daar altijd aanwezige wind voor extra droogte zorgt.
Op de begane grond hebben potten met bollen nog wel eens last van muizenvraat. Om dat te voorkomen wordt er fijn gaas overheen gespannen.

Niet altijd succesvol

Wie de hiervoor genoemde regels in acht neemt heeft een grote kans op succes. Maar soms gaat er, om achteraf niet helemaal duidelijke redenen, toch wel eens iets mis. Na de winter van 1996-97 bleef het grootste deel van de potten die ik zo zorgvuldig had ingeplant, kleurloos. Een paar potten deden met enige sprietige bloemen nog wel hun best, maar alleen de potten met *Tulipa urumiensis* zagen er uit zoals ik me ze allemaal had voorgesteld en waren een wonder van schoonheid. Ze bloeiden stralend en langdurig, zorgden daarna ook nog voor mooie zaaddozen en maakten daarmee bijna het mislukken van alle andere potten goed. En... gaven de doorslag om het een volgend jaar toch opnieuw te proberen.

De eerste probeerselen

De beginnende pottentuinier doet er verstandig aan om eerst eens één (gemakkelijke) soort bollen per pot uit te proberen. Bijvoorbeeld sneeuwroem (*Chionodoxa luciliae*), waarvan de rassen 'Blue Giant' en 'Pink Giant' uitermate geschikt zijn voor potten in de schaduw. Blauwe en witte druifjes zijn prima beginnersbollen voor potten in de zon. En potten met kleine narcissen 'Jack Snipe' voelen zich eigenlijk overal thuis.

Zo overwinteren potten met bollen het best: op een beschutte plek waar de zon pas later op de dag haar gezicht laat zien. Daar is de kans op sterke temperatuurwisselingen gering.

In het volgende hoofdstuk ("Simpel en stijlvol") wordt dieper ingegaan op het toepassen van één soort bollen per pot.

Bollen in lagen

Als je met die gemakkelijke soorten succes hebt geboekt wil je meer en voor de echte doorzetters is er dan het zogenaamde "sandwichsysteem": een methode waarbij verschillende soorten bollen in laagjes boven elkaar geplant worden. Wanneer je daarbij kiest voor soorten die steeds een aantal weken na elkaar bloeien, is het resultaat een pot die misschien wel twee maanden onafgebroken in bloei staat. Natuurlijk heeft ook dit systeem zijn eigen specifieke regels.
De basis is hetzelfde: een pot (bak, kuip, etc.) van minimaal 25 cm hoog en breed waarin ook weer een ontwateringslaag van scherven, grind of kleikorrels wordt aangebracht. Daarbovenop de potgrond en dan de eerste laag bollen. De bollen die het laatst in het seizoen bloeien komen altijd onderin, de eerder bloeiende bollen altijd boven in de pot. De eerste bollenlaag wordt afgedekt met zoveel potgrond dat de bollen niet meer zichtbaar zijn en daarop komt de tweede laag eerder bloeiende bollen.
Als de pot groot genoeg is, dat wil zeggen minstens 30 cm in hoogte en diameter, is het mogelijk om een derde laag aan te brengen. Echt grote potten kunnen zelfs nog een vierde laag herbergen. Daarbij moet je er ook nu weer rekening mee houden dat de laatste laag nog met voldoende aarde afgedekt kan worden, dus met minstens zoveel grond als de bol ook in de volle grond bovenop zich zou krijgen. Nogmaals, in potten zijn bollen extra kwetsbaar en hebben dus ook extra bescherming nodig.
In het hoofdstuk "Tovertuintjes" (blz. 31) is een aantal mooie voorbeeldcombinaties van bollen in lagen vermeld.

Keuze en verzorging

Over de keuze van de te gebruiken bollen kan in het algemeen gezegd worden dat bollen die veel blad vormen niet zo geschikt zijn, omdat de metgezellen daardoor ge-

De eerste bollen verschijnen boven de grond en de verwachtingen zijn hoog gespannen. Maar wat het straks precies gaat worden valt voorlopig alleen nog maar af te lezen aan de in de potten gestoken labels.

hinderd kunnen worden in hun groei. Daarnaast gaat de voorkeur uit naar stevige soorten die niet al te gevoelig zijn voor wind, en dit geldt zeker voor potten die op balkons of dakterrassen staan.
Na de bloei moeten de bollen in potten nog geruime tijd verzorgd worden met water, licht en kleine hoeveelheden mest, net zo lang totdat hun blad volledig afgestorven is. Daarna begint hun rustperiode, in afwachting van het nieuwe seizoen.

April

Tranen van spijt

Fritillaria imperialis (keizerskroon) oogt als een trotse bloem, maar juist die trots is haar fataal geworden. Toen Jezus op weg was naar Golgotha om gekruisigd te worden, bogen alle bloemen die langs de kruisweg stonden het hoofd, behalve de keizerskroon. Zij werd daarvoor door God gestraft en moet tot op de dag van vandaag door het leven met naar beneden gebogen bloemen. Maar dat is nog niet alles, want aan iedere bloem hangen grote druppels nectar: de tranen die *Fritillaria imperialis* nog steeds vergiet vanwege haar hoogmoed en slechte gedrag.

Bollen voor volle zon

Veel bollen houden van zon, maar sommige preferen wat schaduw en een klein aantal wil eigenlijk liever helemaal geen zon of is het om het even of ze nu op een donkere of op een lichte plek staan. Om de keuze voor combinaties te vergemakkelijken daarom hierbij een overzicht van bollen geschikt voor volle zon, dat ook nu weer in chronologische volgorde (naar bloeitijd) is opgesteld.
De bollen die op een schaduwrijker plek willen staan zijn te vinden op het kalenderblad van mei (blz. 30).

Chionodoxa
Crocus
Iris
Scilla
Anemone blanda
Anemone coronaria
Ipheion
Muscari
Ornithogalum
Puschkinia
Tulipa
Fritillaria imperialis
F. persica 'Adiyaman'
F. pontica
Hyacinthus
Brimeura
Geranium tuberosum
Ixiolirion
Nectaroscordum
Camassia
Dichelostemma
Allium moly
A. aflatunense
A. atropurpureum
A. caeruleum
A. cernuum
A. christophii
A. flavum
A. giganteum
A. karataviense
A. 'Lucy Ball'
A. neapolitanum
A. nigrum
A. oreophilum
A. 'Purple Sensation'
A. roseum
A. sativum ophioscorodon
A. schoenoprasum 'Forescate'
A. schubertii
A. sphaerocephalon
A. stipitatum
A. stipitatum 'Album'
A. tuberosum
A. unifolium
A. zebdanense
Eremurus
Lilium candidum
L. regale
L. testaceum
Gladiolus
Colchicum
Crocus (najaarsbloeiend)

Simpel en stijlvol

Zoals in het vorige hoofdstuk al vermeld, zijn bollen in potten het allereenvoudigst toe te passen wanneer er wordt uitgegaan van één soort per pot. Er kan dan in elke pot een andere soort geplant worden. Het is echter zeker ook de moeite waard om een aantal in vorm en grootte gelijke potten allemaal met dezelfde soort te vullen en die dan bij elkaar op een terras of langs de rand van een tuinpad te zetten: simpel en stijlvol!

Ook hier moet weer onderscheid gemaakt worden tussen bollen in potten die het goed doen in de zon en bollen in potten die wat meer schaduw verdragen. Daarom voor beide gevallen een aantal voorbeelden, waarbij de meest gemakkelijke soorten als eerste genoemd worden. Wie daarmee goede resultaten behaalt kan zich daarna ook aan lastiger soorten wagen. Om de keuze te vergemakkelijken worden overal de bloemkleur, de hoogte en de bloeitijd vermeld.

Gemakkelijke soorten voor in de zon

Crocus

- Alle grootbloemige krokussen (*Crocus vernus*, 12 cm, februari-maart), zoals 'Flower Record' (paarsblauw), 'Jeanne d'Arc' (wit), 'Pickwick' (lila met grijs) en 'Vanguard' (violetblauw).
- Alle kleinbloemige krokussen (15 cm, februari-april), zoals *Crocus chrysanthus* 'Eye-catcher' (wit met paars), *C. chrysanthus* 'Goldilocks' (geel) en *C. chrysanthus* 'Prinses Beatrix' (zachtblauw).
- Alle zogenoemde botanische krokussen (*Crocus* species, 15 cm, februari-maart), zoals *Crocus ancyrensis* 'Golden Bunch' (geel), *C. tommasinianus* 'Ruby Giant' (dieppaars) en *C. tommasinianus* 'Whitewell Purple' (dieppaars).

Iris

- *Iris reticulata* (15 cm, februari-maart), zoals 'Harmony' (paarsblauw) en 'Cantab' (zachtblauw).

Ipheion

- *Ipheion uniflorum* 'Wisley Blue' (15 cm, maart-mei, violetblauw).

Muscari

- *Muscari armeniacum* (20 cm, april, blauw) en de rassen 'Blue Spike' (15 cm, april, blauw) en 'Saffier' (20 cm, april, blauw).
- *M. aucheri* (20 cm, april, blauw).
- *M. botryoides* 'Album' (20 cm, april, wit).
- *M. latifolium* (20 cm, april, donkerblauw met lichtblauw).

Tulipa

- Vele Kaufmanniana-types (waterlelietulp, 20-25 cm, maart, met grijsgroen en soms gevlekt of gestreept blad) zoals 'Heart's Delight' (rozerood met wit), 'Johann Strauss' (rood met wit) en 'Shakespeare' (rood).
- Vele Fosteriana-types (35 cm, maart-april) zoals 'Juan' (oranjerood met geel), 'Madame Lefeber' (rood), 'Sweetheart' (geel met wit) en 'Yellow Purissima' (geel).
- Vele Greigii-types (25-30 cm, april-mei, alle met bruin gestreept blad), zoals 'Cape Cod' (geel met rood), 'Plaisir' (rood met crèmegeel), 'Red Riding Hood' (rood) en 'Sweet Lady' (roze).
- Vele species (botanische soorten, 10-25 cm, maart-mei), zoals *Tulipa bakeri* 'Lilac Wonder' (violetroze met geel), *T. praestans* 'Fusilier' (oranjerood), *T. tarda* (wit met geel) en *T. urumiensis* (geel met brons).
- Vele Dubbele vroege tulpen (25-35 cm, april-mei) zoals 'Cardinal Mindszenty' (wit), 'Monsella' (geel met rood gevlamd), 'Monte Carlo' (geel) en 'Peach Blossom' (roze).

Hier straalt de vrolijkheid vanaf: tulpvormige potten vol met *Tulipa urumiensis*, een stevige en langdurige bloeier die daarna mooie zaaddozen laat zien.

Tulipa hageri 'Splendens' en *T. orphanidea* 'Flava' doen het in elkaars gezelschap heel goed in een pot. Extra aantrekkelijk wordt het door het lange, grasachtige blad.

Hyacinthus

- *Hyacinthus orientalis* (de oervorm van de alom bekende hyacint; deze heeft fijnere bloemen, 25 cm, mei, lichtblauw).

Allium

- *Allium karataviense* (groot grijs blad, 15-20 cm, lilawitte bloemen, mei-juni).
- A. *oreophilum* 'Zwanenburg' (15 cm, mei-juni, paarsrood).

Lastiger soorten voor in de zon

Anemone

- *Anemone coronaria* (25 cm, maart-april): alle enkelbloemige (De Caen) variëteiten zoals 'Bride' (wit), 'Mr. Fokker' (violetblauw) en 'Sylphide' (violetroze), en alle gevuldbloemige (St. Brigid) variëteiten zoals 'Admiral' (violet), 'Governor' (rood) en 'Lord Lieutenant' (diepblauw).

  Deze anemonen kunnen vóór de winter geplant worden, maar moeten dan bij vorst afgedekt worden, bijvoorbeeld met dennentakken. Ze worden ook wel vroeg in het voorjaar geplant, vanaf eind februari, maar bloeien dan later dan normaal.

Lilium

- *Lilium candidum* (100 cm, juni, wit). Anders dan andere leliesoorten moet deze madonnalelie ondiep geplant worden (niet meer dan 2 cm aarde op de bol). Daarna verdient het ook hier aanbeveling om bij vorst enige bescherming te geven.

  Alle leliesoorten houden van een koele, droge grond. Denk daar ook aan wanneer je de volgende soort in potten zet:
- *Lilium regale* (koningslelie, 100 cm, juli, wit). Deze staat wèl graag diep: 15 cm aarde op de bol.

Mei

Kleur naar streek

Anemone coronaria groeit in Israël in het wild. Ze bloeit daar als een van de eerste bloemen vanaf januari. De rode kleur zou afkomstig zijn van de bloeddruppels van Christus; deze kleur komt het meest voor op de Bathavlakte. De paarsblauwe kleur komt het meest voor in Galilea en de witte in de heuvels bij het meer van Tiberias. De bloemkleur heeft waarschijnlijk te maken met de samenstelling van de grond.
Anemone coronaria is een goede snijbloem. In dat geval moeten de stengels zo laag mogelijk worden afgesneden met een scherp mes. Nooit plukken, want van het trekken aan de stengel heeft de bol te lijden, waardoor de bloei in een volgend seizoen in gevaar komt.

Bollen die meer schaduw wensen c.q. verdragen

Net als op het kalenderblad van april (blz. 25), waar de bollen voor volle zon staan, zijn de soorten in chronologische volgorde (naar bloeitijd) vermeld.

Lichte schaduw

Chionodoxa
Galanthus
Scilla
Anemone blanda
A. nemorosa
A. ranunculoides
Corydalis
Leucojum
Ornithogalum
Puschkinia
Erythronium
Fritillaria camschatcensis
F. meleagris
F. pallidiflora
F. michailovsky
Hyacinthoides
Brimeura
Nectaroscordum
Camassia
Allium moly
A. paradoxum
A. triquetrum
A. ursinum
A. zebdanense
Lilium martagon
Cyclamen

Veel schaduw

Eranthis
Chionodoxa
Galanthus
Anemone nemorosa
A. ranunculoides
Corydalis
Leucojum
Puschkinia
Erythronium
Fritillaria camschatcensis
F. meleagris
F. michailovskyi
Hyacinthoides
Arum
Allium paradoxum
A. triquetrum
A. ursinum

Gemakkelijke soorten die ook schaduw verdragen

Chionodoxa

- *Chionodoxa luciliae* 'Blue Giant' (25 cm, maart, blauw) en 'Pink Giant' (25 cm, maart, roze).
- *C. sardensis* (10 cm, maart, felblauw).

Scilla

- *Scilla siberica* 'Spring Beauty' (15 cm, maart, donkerblauw).

Narcissus

- Vooral de lagere, kleinbloemige rassen, zoals 'February Gold' (25 cm, februari-maart, geel), 'Hawera' (20 cm, april-mei, kanariegeel), 'Jack Snipe' (20 cm, maart-april, wit met geel), 'Minnow' (20 cm, april, licht- en donkergeel), N. *odorus* 'Plenus' (20 cm, april-mei, geel), 'Petrel' (20 cm, april-mei, wit), 'Tête-à-Tête' (20 cm, maart-april, geel) en N. *triandrus* 'Thalia' (40 cm, april-mei, wit).

Ornithogalum

- *Ornithogalum umbellatum* (25 cm, mei-juni, wit).

Lastiger soorten voor in de schaduw

Galanthus

Alle soorten en variëteiten (10-30 cm, januari-februari, wit).

Anemone

- *Anemone blanda*: alle variëteiten (10-15 cm, maart-april, roze, wit en blauw).

Deze soorten hebben extra aandacht nodig omdat ze beide alleen maar gedijen als ze voldoende vocht krijgen. Dat betekent heel regelmatig water geven, want zoals bekend droogt de grond in potten sneller uit dan normaal.

Tovertuintjes

In het hoofdstuk "Bollen bóven de grond" zijn al de wijze van beplanten en de verzorging van potten die gevuld worden volgens het zogenaamde "sandwichsysteem" behandeld. Ter herinnering: meerdere lagen bollen worden hierbij boven elkaar geplant, waarbij de bollen die het laatst bloeien onderin de pot terechtkomen en de bollen die het eerst bloeien de bovenste laag vormen.
Daarbij is het dan de kunst om de bloeitijden zo op elkaar af te stemmen dat de volgende laag gaat bloeien wanneer een eerdere laag net is uitgebloeid. Zo kan een en dezelfde pot soms wel twee maanden achter elkaar in bloei staan.
Van dat "sandwichsysteem" voor bollen in potten geven we hier tien voorbeelden van combinaties voor in de zon en in de schaduw.

Combinaties van bollen in potten voor in de zon

Grootbloemige krokus 'Flower Record' (12 cm, februari-maart, paars) met *Chionodoxa luciliae* 'Pink Giant' (25 cm, maart, roze) en Dubbele vroege tulpen 'Peach Blossom' (30 cm, april-mei, roze).

Crocus chrysanthus 'Eye-catcher' (15 cm, februari-maart, wit met paars) met *Ipheion uniflorum* 'Wisley Blue' (15 cm, maart-juni, violetblauw) en *Narcissus triandrus* 'Thalia' (40 cm, april, wit).

Crocus ancyrensis 'Golden Bunch' (15 cm, februari-maart, geel) met *Scilla siberica* 'Spring Beauty' (15 cm, maart, donkerblauw) en Fosterianatulpen 'Yellow Purissima' (35 cm, maart-april, geel).

Iris reticulata 'Cantab' (25 cm, februari-maart, zachtblauw) met narcissen 'Jack Snipe' (20 cm, maart-april, wit met geel), *Muscari latifolium* (25 cm, april, donkerblauw met lichtblauw) en *Hyacinthus orientalis* (25 cm, mei, lichtblauw).

Narcissen 'February Gold' (25 cm, februari-maart, geel) met Fosterianatulpen 'Juan' (35 cm, maart-april, oranjerood met geel) en Dubbele vroege tulpen 'Monsella' (35 cm, april-mei, rood met geel gevlamd).

Kaufmannianatulpen 'Johann Strauss' (20 cm, maart, rood met wit) en *Anemone coronaria* 'Governor' (25 cm, april-mei, rood).

Combinaties van bollen in potten voor wat schaduw

Chionodoxa luciliae 'Blue Giant' (25 cm, maart, hemelsblauw) met *Chionodoxa luciliae* 'Pink Giant' (25 cm, maart, roze) en *Narcissus triandrus* 'Thalia' (40 cm, april-mei, wit).

Scilla siberica 'Spring Beauty' (15 cm, maart, donkerblauw) met *Chionodoxa luciliae* 'Blue Giant' (25 cm, maart, hemelsblauw) en narcissen 'Petrel' (20 cm, april-mei, wit).

Narcissen 'February Gold' (25 cm, februari-maart, geel) met narcissen 'Hawera' (20 cm, april-mei, kanarigeel) en *Ornithogalum umbellatum* (25 cm, mei-juni, wit).

Chionodoxa sardensis (10 cm, maart, felblauw) met narcissen 'Petrel' (20 cm, april-mei, wit) en *Muscari armeniacum* 'Saffier' (20 cm, april, blauw).

Combinaties in potten van bollen en vaste planten

Potten waarin bollen met vaste planten gecombineerd worden, kunnen ook uitgroeien tot echte tuintjes. Vooral in aanmerking komen dan de lagere soorten vaste planten die niet te veel concurrentie voor de groei van de bollen zullen opleveren en die het in potten goed doen. Belangrijk is ook dat die soorten zich in de eerste maanden van het jaar al van hun beste kant laten zien omdat

Veel bollen houden van een warme, zonnige plek. In de potten heeft *Ipheion uniflorum* al langdurig gebloeid voordat deze *Tulipa bakeri* 'Lilac Wonder' het overneemt.

ze groenblijvend zijn, vroeg in blad komen of zelfs al bloeien. Hier een selectie van tien van zulke tovertuintjes.

Ajuga reptans 'Catlin's Giant' en *Hyacinthus orientalis* (groot rood blad met zachtblauwe bloemen).

Campanula portenschlagiana en *Iris reticulata* 'Cantab' (frisgroen blad met zachtblauwe bloemen).

Euphorbia amygdaloides 'Purpurea' en narcissen 'February Gold' (roodbruin blad met gele bloemen).

Heuchera micrantha 'Rachel' en Greigiitulpen 'Sweet Lady' (rood blad met roze bloemen).

Iberis sempervirens 'Weisser Zwerg' en *Hyacinthus orientalis* (witte bloemen met zachtblauwe bloemen).

Lavandula intermedia 'Grappenhall' en *Anemone coronaria* 'Mr. Fokker' (grijs blad met paarsblauwe bloemen).

Mentha rotundifolia 'Variegata' en narcissen 'Minnow' (witbont blad met gele bloemen).

Sedum acre 'Yellow Queen' en *Allium moly* (geelgroen blad met gele bloemen).

Vinca minor 'Atropurpurea' en *Chionodoxa luciliae* 'Pink Giant' (paarsrode bloemen met roze bloemen).

Vinca minor 'Bowles Variety' en *Narcissus canaliculatus* (blauwe bloemen met wit-gele bloemen).

Juni

Look

Het geslacht *Allium* heeft als Nederlandse naam look en omvat niet alleen de in dit boek ter sprake komende sieruien, maar ook de eetbare uien, prei en tal van andere gewassen waarvan de naam eindigt op look. Alle vormen van *Allium* ruiken min of meer naar uien. Volgens de overlevering zijn ze ontstaan na de zondeval, toen de duivel het paradijs verliet. Op de plekken die hij met zijn rechterpoot aanraakte gingen uien groeien, op de plekken waar zijn linkerpoot op de grond kwam knoflook en op de plaatsen waar zijn staart over de grond sleepte verscheen later prei. Door de stank die hij verspreidde ontstonden kleinere looksoorten, zoals bieslook en daslook.
Hoewel looksoorten dus met onheil in verband gebracht werden, had men in het algemeen toch respect voor hun betoverende werking. Vooral knoflook en uien werden gebruikt om geesten, duivels en ziekten te verdrijven. Vers look bevat antibiotische stoffen en in de natuurgeneeskunde maakt men van die wetenschap nog steeds dankbaar gebruik. Zo wordt bij verkoudheid een halve ui in de slaapkamer gelegd of wordt een teentje knoflook om de hals gedragen.
De huidige sieruien bezitten dit soort magische eigenschappen niet. Alleen de lichte uiengeur duidt er nog op dat ze aan de geneeskrachtige soorten verwant zijn.

De beste bollen voor verwildering

De onderstaande soorten zaaien zich gemakkelijk uit. Het duurt wel enkele jaren voor de bollen een bloeibare grootte hebben bereikt.
Allium flavum
Allium paradoxum
Allium ursinum
Chionodoxa (alle soorten)
Corydalis (alle soorten)
Crocus tommasinianus
Hyacinthoides non-scripta
Scilla (alle soorten)

Een toverballengrasveld

Als kind kon je je bijna niets leukers voorstellen: voor een paar stuivers kocht je toverballen en dan begon de pret. Mierzoete, willekeurig gekleurde ballen veranderden in je mond van kleur: van rood naar paars, paars werd geel, geel werd wit en uiteindelijk smaakte je nog het genoegen van het kauwen op een vormeloos, kleverig snoepje. Maar dan was de volgende toverbal alweer aan de beurt en die veranderde ook steeds weer van kleur. Het spannendste was om ze tussentijds uit je mond te halen en te raden naar de kleur die inmiddels zichtbaar geworden was.

Een veldje vol kleur

In het toverballengrasveld vindt iets dergelijks plaats. Het begint met een spikkeling van witte, gele en lila tinten met af en toe wat zachtblauw of zachtroze ertussendoor: krokussen en sneeuwroem (*Chionodoxa*), die als eerste bloeien. Ook het porseleinblauw van *Puschkinia* schemert in het gras, vooral op plekken waar omringende beplanting schaduw geeft.
Direct daarna is er een ander kleurenschema te zien: het donkerblauw van *Scilla siberica* 'Spring Beauty' en het ivoorkleurig wit of geel van vroege narcisjes zoals 'February Gold', 'Jack Snipe' en 'Jenny'. En inmiddels doen de stervormige crèmewit-met-oranje bloemetjes van een vroeg tulpje, *Tulipa turkestanica*, ook mee.
Wanneer dit veldje in de zomer een strak gazonnetje moet worden, is het niet verstandig om er soorten in te zetten die later bloeien dan eind maart-begin april. Het gras gaat namelijk op een gegeven moment, wanneer de grond een vrij constante temperatuur van ca. 9 °C heeft bereikt, weer groeien en zal dan onvermijdelijk een keer gemaaid moeten worden. Voordat het zover is moet het loof van de bolgewassen wel de mogelijkheid hebben gekregen om af te sterven en ook het zaad dat zich gevormd heeft moet voldoende hebben kunnen rijpen. Dat laatste geldt bijvoorbeeld voor de zaden van *Chionodoxa* en *Scilla*. Zij vallen tussen de moederplanten, ontkiemen snel en het gevolg is een toename van het aantal bollen en dus op den duur ook meer bloemen.
Op een extra rijke bloei in een volgend voorjaar kan je je verheugen als je het geluk hebt dat de grond in de zomer, gedurende de rustperiode van de bollen, redelijk droog blijft.
Als regel voor het maaien geldt dat daarmee op zijn vroegst 6 weken na de bloeiperiode van de laatste bollen begonnen kan worden. Om er zeker van te zijn dat alle soorten bolletjes in een volgend voorjaar terug zullen keren, kan extra voeding in de vorm van mest worden toegediend. Liever niet in het voorjaar, omdat het beter is dat het gras niet te hard groeit op het moment dat het loof van de bolgewassen nog niet is afgestorven; het najaar is een beter tijdstip. Ook in deze situatie heb je weer de keus uit kunstmest of organische meststoffen.

Nog een stapje verder

Maar stel je nu eens voor dat zo'n veldje geen getrimd gazon hoeft te worden en dat je de mogelijkheid hebt om er een bloemenweide van te maken. Dan wordt dat extra bijzonder als daar nog meer bolgewassen in geplant worden die de voorjaarsbloemen opvolgen en in de maanden april-mei-juni met wisselende kleuren steeds weer voor verrassingen zorgen. Begin april is dan de beurt aan *Allium zebdanense* met helderwitte bloemetjes op ranke steeltjes en vervolgens aan *Tulipa whittallii* in een vrolijke oranje kleur. In de loop van april komen er drie witbloeiende bollensoorten bij: *Allium neapolitanum*, *Ornithogalum nutans* (knikkende vogelmelk) en narcissen 'Petrel'. Maar geel is ook weer terug en wel in het zusje van 'Petrel': narcis 'Hawera'.
Mei is daarna de maand van hoofdzakelijk blauwtinten:

Natuur en cultuur in perfecte harmonie in deze bloemenweide waarin narcissen 'Thalia' en blauwe druifjes zij aan zij staan met madeliefjes en paardenbloemen.

Hyacinthoides hispanica (boshyacint), die het vooral op meer beschaduwde plekken goed zal doen, en *Camassia*-soorten, waarbij de lage *C. esculenta* (felblauw) niet onder doet voor hogere soortgenoten zoals *C. cusickii* (grijzig blauw) en *C. leichtlinii* 'Caerulea' (hemelsblauw). Wit blijft echter ook aanwezig, want in deze periode begint *Ornithogalum umbellatum* (inheemse vogelmelk of ster van Bethlehem) te bloeien. En dan is het eind mei de beurt aan de laatstbloeiende narcissensoort, *Narcissus poeticus recurvus* (fazantenoog), die in het wild nog op de alpenweiden voorkomt: stralend wit met een groenig hartje.
Na mei komt juni en daarmee begint de zomer eraan te komen en wordt het eigenlijk tijd dat de echte wilde bloemen zoals margrieten, klaprozen, chicorei en teunisbloem een hoofdrol in het toverveld gaan spelen. Maar niet voordat de laatste sierlijke bolgewassen acte de présence gegeven hebben. In een zoete combinatie dragen *Allium unifolium* (roze), *Ornithogalum magnum* (wit) en *Allium caeruleum* (blauw) vanaf begin juni de scepter over aan hun "wilde" metgezellen.

Schoonheid door beperking

Een grasveld met één of twee soorten bollen kan door zijn eenvoud ook van een adembenemende schoonheid zijn, hoewel in dat geval eigenlijk niet meer van een echt toverballengrasveld gesproken kan worden. In mijn herinnering gegrift staat bijvoorbeeld een veldje dat bezaaid was met kievitseitjes (*Fritillaria meleagris*). Massa's witte en enkele lila bloemetjes dansten als kleine lantaarntjes tussen het gras.
Omdat de hebzucht onmiddellijk toesloeg, vroeg ik de eigenaars hoe ze dit voor elkaar hadden gekregen. De oplossing bleek vrij simpel, hoewel er wel enig geduld voor nodig was geweest. Ooit waren ze begonnen met een kleine hoeveelheid bolletjes en toen bleek dat deze goed in bloei kwamen en ook zaad maakten, werd het zaad verzameld toen het rijp was. Na het verdrogen van het *Fritillaria*-blad werd het gras gemaaid, geharkt, besproeid en vervolgens werd het zaad uitgezaaid. Dit ritueel werd jaarlijks herhaald en na een jaar of vijf begon de eerste lichting uit zaad gevormde kievitseitjes te bloeien. Daaruit kwam ook weer zaad en inmiddels is de beproefde methode een succesformule gebleken.

Groene grasvelden zien er het hele jaar door hetzelfde uit en zijn dan uitermate saai. Met vroege voorjaarsbollen er in zijn ze opeens het aankijken waard: wie zou niet zo'n veldje willen hebben?

Maar wat met kievitseitjes kan, geldt ook voor narcissen. Het verschil is dat narcissen zich niet gemakkelijk door middel van zaad laten vermeerderen, maar grotere groepen gaan vormen door middel van bijbollen aan de oorspronkelijke bol. Het uiteindelijke resultaat is echter vergelijkbaar: massa's gele of witte bloemhoofdjes die juist in wat hoger gras veel mooier uitkomen dan in een strak gazon. Goede soorten voor een narcissenveld zijn onder andere 'February Gold', 'Jenny', 'Hawera', 'Petrel' (de witte vorm van 'Hawera'), *N. poeticus recurvus*, 'Quail' en 'Pipit'.

Het planten in gras

Het planten van bollen in een grasveld is lastiger dan in de border, omdat je door de grasmat heen moet steken. Voor het planten van de kleinste bolletjes is een onkruidstekertje een prima hulpmiddel. Zo'n apparaatje lijkt op een fonduevork, maar dan in een meer solide uitvoering. Daarmee prik je heel gemakkelijk door het gras heen. Vervolgens roer je even rond in de onderliggende aarde, laat het bolletje in het ontstane holletje vallen en drukt het geheel weer aan.
Voor grotere bollen, zoals die van *Camassia*'s en narcissen, is een scherp gepunt, smal tuinschepje het handigst. Dergelijke tuingereedschappen behoren van een degelijke kwaliteit te zijn omdat er enige kracht op uitgeoefend wordt.
Om het geheel eruit te laten zien als een echte bloemenweide, worden alle bollen die geplant gaan worden in een grote mand gestort. Dan worden de bollen flink door elkaar gehusseld en voor de voet weg in grotere en kleinere concentraties door elkaar heen geplant. Uitstrooien heeft hier geen zin, want de kleinste bolletjes vind je in zo'n grasveld nooit meer terug.
Dan nog iets over de verhouding tussen de aantallen van de verschillende soorten: 15-20 bolletjes van een kleine soort (*Crocus*, *Chionodoxa*) kunnen 6 bollen van een mid-

delgrote (*Tulipa* species, *Allium neapolitanum*) en 1-2 bollen van een grotere soort (*Camassia*, *Ornithogalum magnum*) naast zich hebben.

Voorbereiding, oplettendheid en verzorging

Tot slot een opmerking ter ontmoediging van dit hele verhaal. Het zou wat naïef zijn om te denken dat een dergelijke feeërieke bloemenwei in één seizoen te realiseren is. Vooral in het begin zullen zich in het gras, dat nu opeens niet meer gemaaid wordt, vooral ook agressieve wortelonkruiden nestelen, zoals zuring en distels. Deze moeten zo snel en zo vaak mogelijk verwijderd worden, omdat ze anders een te grote concurrentie gaan vormen voor die soorten die je nu juist wèl in zo'n veldje wilt hebben. Ook nu is de onkruidsteker weer goud waard. Denk dus niet dat je hier zo maar de boel zijn gang kunt laten gaan.
Iets anders is dat een grasmat die voorheen regelmatig gemaaid werd maar nu mag doorgroeien, in het begin een enorme groeikracht heeft. Zelf maakte ik ooit eens de fout om zonder voorzorgsmaatregelen bollen te planten in een dergelijke situatie. De vroegstbloeiende, zoals krokussen en enkele narcissen, kregen nog net de kans om zich te ontwikkelen en gaven me de illusie dat de opzet geslaagd was. Later bloeiende bolletjes werden echter al snel verstikt door het alsmaar hoger wordende gras. Wat daarnaast ook gebeurde was dat zaden van wél gewenste wilde planten zoals fluitekruid, margrieten en koekoeksbloemen, die zouden moeten bijdragen tot het karakter van de bloemenwei, geen kans kregen om zich te vestigen.
Door schade en schande wijs geworden realiseerde ik me toen dat je een dergelijke plek eerst moet verschralen door in de voorafgaande zomer na iedere maaibeurt een hoeveelheid zand te strooien. Daardoor groeit het gras minder hard, wordt het dunner en ontstaat een veel betere uitgangssituatie. In dit hele verhaal zijn voorbereiding, oplettendheid en verzorging toverwoorden. En die

Als een blauwe golf waaiert dit lint van *Muscari armeniacum* (blauwe druifjes) over een helling met gras en wilde bloemen, zomaar langs de kant van een weg.

verzorging houdt niet op op het moment dat er voor de eerste en enige keer in het seizoen gemaaid moet worden, in de tweede helft van september. Een bosmaaier is dan overigens het aangewezen apparaat daarvoor, want in de ogen van een grasmaaier is de bloemenwei inmiddels een ondoordringbare jungle geworden.
Na die maaibeurt zullen niet-gewenste onkruiden opnieuw hun best doen om zich achter je rug om toch stiekem te nestelen, zeker nu er weer licht en lucht ontstaan zijn. Een gewaarschuwd mens telt voor twee!

Island-beds

Een oplossing die zowel getrimd gazon als bloemenwei in zich verenigt is een grasveld met, naar Engels voorbeeld, "island-beds". Dit zijn uitsparingen in het gazon waarin de bollen en eventueel de wilde bloemen bij en door elkaar staan en waar voorlopig, in ieder geval zolang het bollenloof nog niet is afgestorven, omheen gemaaid wordt. Deze uitsparingen worden zo mogelijk gekozen op plekken waar bijvoorbeeld een boom of een heester in het gazon staat, want daar heeft het gras toch al meer moeite met groeien. Maar ze kunnen natuurlijk ook elders in het gazon een plek krijgen.
Afhankelijk van de grootte van het grasveld zijn 3 tot 5 van die plekken meestal voldoende, omdat het anders snel onrustig wordt. Bovendien moeten deze "island-beds" ook wel een beetje oppervlakte hebben: vanaf ongeveer 2 m^2 per "island" is een mooie maat.

Juli

Met melk meer madonnalelies

De madonnalelie (*Lilium candidum*) behoort tot de oudst bekende tuinplanten. Afbeeldingen van deze lelie zijn al te zien op fresco's en vazen uit 1800 voor Christus, die op Kreta gevonden zijn. In het Romeinse Rijk genoot de madonnalelie aanzien omdat zij ontstaan zou zijn door toedoen van de goden en de anekdote is te aardig om onvermeld te blijven.
Het verhaal luidt dat de halfgod Hercules erop gebrand was om onsterfelijk te worden. Daartoe moest hij de melk drinken van Juno, de zuster van Jupiter. Zij weigerde, maar Jupiter verzon een list en voerde haar dronken, waardoor Hercules zoveel melk kon drinken als hij maar wilde zonder dat Juno het merkte. Hercules dronk zo gulzig dat hij enkele druppels morste en daaruit groeiden direct madonnalelies.

Catalogi nu aanvragen

Bloembollencatalogi bestellen moet deze maand gebeuren om op tijd te zijn voor het komend seizoen. De mooiste en meest bijzondere bollen vind je bij:

Rita van der Zalm
De Boender 6, Noordwijk
tel. 0252-372193 (9-12 uur)

Peter Nijssen
Sportparklaan 25A, Heemstede
tel. 023-280816

De Bolle-Jist (H. Nienhuis)
Holdingawei 6, Finkum
tel. 058-2573068

Verberghe Bloembollen (Jan van den Bergh)
Zwanenburgerdijk 418, Zwanenburg
tel. 020-4973127

Fa. P.B. van Eeden
Voorstraat 116, Noordwijk
tel. 071-3612037

Speciaal voor verwilderings- en stinzenbollen:

De Heliant (Heilien Tonckens)
Oude Willem 2, Appelscha
tel. 0516-433292

De Keltenhof
Wijksestraat 25, Bergharen
tel. 0487-532176

Ecoflora
Rue de Genval 42, Rosières (België)
tel. 02-6520778
(vooral soorten die in België inheems zijn)

Wist je dat ...

Alles wat in de dagelijkse praktijk zo gemakkelijk onder de noemer "bollen" geschoven wordt (ook in dit boek!) eigenlijk maar voor een deel uit echte bollen bestaat en dat de rest met "knollen" aangeduid zou moeten worden? Het verschil in benaming wordt bepaald door opbouw en uiterlijk. Bollen hebben een min of meer ui-vormig uiterlijk en bestaan uit schubben die het eigenlijke groeibeginsel omvatten. Deze schubben bevatten de voedselreserves en zijn bedekt met een papierachtig omhulsel, de "rokken" van de bol. Bekendste voorbeeld: de tulp.
Bij knollen wordt onderscheid gemaakt tussen stengel- en wortelknollen. Een stengelknol is de verdikte, vaak ronde, voet van een stengel waarin ook weer de voedingsstoffen zijn opgeslagen. Deze verdikking zit eveneens verpakt in de schilferige huid die te vergelijken is met de rokken van een bol. Een duidelijk voorbeeld van een stengelknol is de krokus.
En dan is er de wortelknol: de benaming voor een gewas met een verdikt wortelstelsel waarin eveneens de voedselvoorraad is opgeslagen. Deze "bollen" zien er ten opzichte van de twee voorgaande types vormeloos en onooglijk uit. Voorbeelden hiervan zijn anemoontjes en winterakonieten.

... er in Groot-Brittannië clubs bestaan van liefhebbers van sneeuwklokjes (Galanthofielen) die niets liever doen dan op een koude februarimiddag desnoods op handen en voeten te gaan zitten om de bloemetjes van de sneeuwklokjes aan een nader onderzoek te onderwerpen? Dat gebeurt dan vaak in Wisley Garden, de botanische tuin van de Royal Horticultural Society, waar 37 species (soorten) en meer dan 100 cultuurvariëteiten geregistreerd staan.

... en dat er, waarschijnlijk door de grote belangstelling voor sneeuwklokjes, in Groot-Brittannië ook een heel groot sortiment te koop is? Zo vermeldt de catalogus van Avon Bulbs, een postorderbedrijf dat ook bollen naar het buitenland verzendt, maar liefst 24 soorten en cultuurvariëteiten. De eerlijkheid gebiedt wel om te vermelden dat een aantal hiervan behoorlijk aan de prijs is: om acht Engelse ponden te betalen voor één sneeuwklokje moet je wel een echte liefhebber zijn. Toch vermeld ik voor de zekerheid hierbij het adres en het telefoonnummer voor degenen die nieuwsgierig geworden zijn: Avon Bulbs, Burnt House Farm, Mid Lambrook, South Petherton, Somerset, TA13 5HE. Telefoon: 0044-1460-242177.

... je niet hoeft te wanhopen als bepaalde bollen – en vooral narcissen, tulpen, sneeuwklokjes en krokussen hebben daar een handje van – na een aantal jaren op dezelfde plek steeds meer blad en steeds minder bloemen produceren? Daar kunnen verschillende oorzaken aan ten grondslag liggen.
De eerste is dat de bollen intussen te veel klisters hebben gevormd die elkaar nu in de weg zitten; voor de goede orde: klisters zijn bijbollen, bollen die jaarlijks uit de eerder gevormde bol groeien.
Een tweede oorzaak kan het ontbreken van de nodige voedingsstoffen zijn; de bollen hebben immers jarenlang uit dezelfde grond gegeten. Of er ontbreekt voldoende licht. De rest van de tuin is intussen natuurlijk ook doorgegroeid en misschien is er nu meer schaduw op die plek dan ten tijde van het aanplanten van de bollen.
De enige remedie is: de bollen uit de grond halen op een tijdstip dat ze in rust zijn en dat is direct nadat het blad bruin en dor is geworden. De bollen worden voorzichtig van elkaar gescheiden, waarbij de exemplaren die er ondermaats of ongezond uitzien op de composthoop gegooid kunnen worden. Als voedselgebrek de oorzaak van het niet-bloeien is, kunnen de bollen op dezelfde plek teruggeplant worden nadat de grond daar eerst diep losgemaakt en van goede compost voorzien is. Heeft het ontbreken van licht ook een rol meegespeeld, dan is het beter om alle bollen te verhuizen naar een nieuwe plek met meer voedsel en licht.

... de tulp een geruchtmakende geschiedenis achter de rug heeft? Via de Vlaamse diplomaat De Busbecq, die als

Een veldje met klimop (*Hedera*) als bodembedekker krijgt opeens een heel ander aanzien wanneer daar de fris-witte bloemen van narcissen 'Dove Wings' bovenuit komen.

ambassadeur van keizer Ferdinand I van Oostenrijk naar Turkije gestuurd werd en daar als eerste westerling tulpen aantrof, kwamen in de tweede helft van de 16e eeuw bollen of zaden van tulpen terecht bij Carolus Clusius, de hortulanus van de botanische tuin in Leiden.
Clusius zag de waarde van tulpenbollen uitsluitend in een wetenschappelijk perspectief, was er heel zuinig op en weigerde bollen weg te geven of te verkopen. Dat kwam hem uiteindelijk duur te staan, want in een onbewaakt ogenblik werd zijn hele collectie gestolen en daarmee begon de commerciële triomftocht van de tulp.
Aanvankelijk gold de tulp als statussymbool en werd zelfs gezien als beleggingsobject. In de periode 1634-1637 was de commotie rondom de tulp op haar hoogtepunt. Deze periode is de geschiedenis ingegaan als de tijd van de "Dwaze Tulpenhandel" of "Tulpomanie". Er schijnen toen tulpen verhandeld te zijn die fl. 3000 tot fl. 4000 per stuk opbrachten. Op 3 februari 1637 stortte de handel in. Even was er verwarring en onrust alom, maar toch bleef de tulp als tuinbloem zeer geliefd.
Begin 1700 trok de handel weer aan, waarschijnlijk door de vondst van enkele tot dan toe onbekende tulpen in Noord-Italië. Een extra impuls kreeg de tulpenteelt daarna in 1873, toen Rusland grote delen van Azië veroverd had en gerenommeerde bollenfirma's plantenjagers eropuit stuurden die met allerlei nieuwe soorten zoals *Tulipa kaufmanniana* en *T. fosteriana* huiswaarts keerden.
Sindsdien ging het met de handel in tulpen alleen maar bergopwaarts en tegenwoordig is de tulp voor de handel het belangrijkste bolgewas. Op dit moment worden er in Nederland jaarlijks ruim 10 miljard bollen verhandeld. Daarvan blijft slechts 1% (toch nog een dikke 100 miljoen) over voor de Nederlandse handel.

... *Lilium candidum* (madonnalelie) vooral in het eerste jaar na aanplant nog wel eens kuren kan vertonen? Als het gewas echter eenmaal goed vast staat en het naar zijn zin heeft, mag je hopen op wonderschone bloemen. De bol vormt vóór de winter een bladrozet die in zachte winters groen blijft.

... bollen die niet direct de grond in kunnen, bewaard moeten worden op een droge, goed geventileerde plek in open zakken zodat de lucht er goed doorheen kan stromen? Daarbij mogen ze nooit in het zonlicht staan!
Bollen die gevoelig zijn voor uitdroging moeten anders behandeld worden; zie op het kalenderblad augustus (blz. 47).

... het heel belangrijk is om iets meer te weten over de achtergronden van elk soort bol omdat die te maken hebben met de standplaats en de gedragingen van de bol in de tuin? Veel bollen zijn afkomstig uit landen met een landklimaat en willen daarom 's zomers op een warme plek staan om het volgend jaar weer voldoende bloemen te kunnen geven.

... je als je verder nergens aan gebonden bent, bollen het best kunt planten vlak voor het moment waarop er regen verwacht wordt? Bollen gaan hun wortels vormen zodra ze geplant zijn en kunnen niet te lang "droog staan". Als er na een paar dagen toch nog steeds geen druppel gevallen is, dan sproeien.

... bollen die in potten in een warme kamer gestaan hebben na de bloei niet meteen in de tuin geplant kunnen worden? Allereerst moeten de uitgebloeide bloemen verwijderd worden, omdat zaadvorming er anders voor zorgt dat de bollen te veel uitgeput raken. Daarna moeten de bollen gedurende een week in een koele kamer acclimatiseren en dan mogen ze, nog steeds in hun pot, naar buiten. Tijdens de hele periode dat ze in de pot zitten moeten ze steeds voldoende licht en water krijgen. Na de bloei blijft het blad doorgroeien en dat is noodzakelijk voor de ontwikkeling van de bol. Als het blad uiteindelijk helemaal afgestorven is, kunnen de bollen in de tuin geplant worden, waarbij je erop moet letten dat de wortels zo weinig mogelijk worden beschadigd. Ten slotte kan het geen kwaad om dan ook een lichte bemesting te geven met N-P-K of koemestkorrels.
Hyacintenbollen die op water gestaan hebben vormen in dit hele verhaal een uitzondering. Zij hebben zoveel van hun krachten gegeven dat uitplanten in de tuin zinloos is.

... het helemaal niet ongewoon is als de keizerskroon (*Fritillaria imperialis*) eens een jaar verstek laat gaan en niet bloeit? De reden daarvan is dan waarschijnlijk dat het in de daaraan voorafgaande zomer niet warm genoeg is geweest. Voor het produceren van nieuwe bloemen moet de grond tijdens de rustperiode heel warm zijn: minimaal 23 °C. Een ander familielid, *Fritillaria persica*, vertoont hetzelfde euvel en wil ook alleen maar bloeien als zij het zeer warm gehad heeft.

... er een paar bollensoorten zijn die pas goed op gang komen als ze eerst een etmaal in water gelegen hebben? Dit voorweken zorgt ervoor dat ze sneller wortels vormen. Alle types *Anemone* vallen daaronder, zoals A. *blanda*, A. *coronaria*, A. *nemorosa* en A. *ranunculoides*. *Eranthis* (winterakoniet) en *Cyclamen* willen dezelfde behandeling.

... je *Anemone coronaria* op ieder gewenst tijdstip kunt laten bloeien? Het gewasje heeft de naam niet helemaal winterhard te zijn, maar als het tussen vaste planten geplant wordt die enige bescherming kunnen geven, gaat het meestal wel goed. De beste tijd om te planten is begin december en omdat deze anemoontjes ongeveer 100 dagen na het planten in bloei komen, mag je in maart op de eerste bloemen rekenen. Om het risico van tóch bevriezen uit te sluiten worden ze ook wel vroeg in het voorjaar, in februari, geplant. De bloeitijd valt dan later, ergens halverwege mei.
In potten planten kan vrijwel het hele jaar door. Eens plantte ik midden in de zomer een paar anemonenbolletjes in een pot, na ze natuurlijk eerst een dag lang in water voorgeweekt te hebben, en toen verschenen begin oktober de eerste bloemen. Dat bloeien ging maar door totdat er een aantal te koude nachten kwam, waarna ze het even lieten afweten. Maar zodra de temperatuur weer omhoog ging bloeiden ze vrolijk verder en hielpen me de winter door. Daarom heb ik voor altijd mijn hart aan deze anemoontjes verpand.

... uitgebloeide bloemen die verder geen betekenis meer hebben (zoals een bijzondere sierwaarde of zaadvorming

Roze narcissen zijn zeldzaam en het valt soms niet mee om er goede buurplanten bij te vinden. Wél geslaagd is de combinatie met *Tiarella cordifolia* 'Oakleaf' en *Geranium phaeum*.

Lichtpuntjes in het najaar: *Colchicum autumnale* 'Album' bloeit in september en valt dan vooral op naast een donkerder buurplant, zoals deze *Euphorbia amygdaloides* 'Purpurea' met roodgroen blad.

die noodzakelijk is voor de verspreiding van de soort) beter weggeknipt kunnen worden? De uitgebloeide bloem heeft voedsel nodig om zaad te kunnen maken en onttrekt dit aan de bol, die tegelijkertijd op krachten moet komen voor een nieuw groeiseizoen. Zo wordt de bol extra belast als de uitgebloeide bloem zou blijven zitten. Weg ermee dus!

... een aantal bollen behoort tot de zogenaamde stinzenflora? Een stins (samentrekking van steenhûs, stenen huis) is een versterkte adellijke woning, een soort burcht, zoals die in de 13e en 14e eeuw in Friesland gebouwd werd door de hereboeren. Bij het bouwen van zo'n burcht kwam heel wat graafwerk te pas en zo gebeurde het dat zand uit de ondergrond vermengd werd met de bovenste kleilaag, waardoor een andere samenstelling van de grond ontstond. Daar werden planten in geplant die alleen in dat milieu wilden groeien. Soms waren dat opvallend mooie inheemse planten, zoals *Allium ursinum* (daslook), maar meestal ging het om uitheemse planten. Die planten hadden het allemaal zo naar hun zin op deze grond, dat ze vervolgens verwilderden en nu nog steeds overal goed gedijen in een milieu waar dezelfde omstandigheden heersen als op de oorspronkelijke stinzen. Zo'n milieu vind je ook vaak op stadswallen en in pastorietuinen, en daarom komt ook daar nogal eens een stinzenflora voor. Tot de stinzenflora behoren o.a.: boerenkrokus (*Crocus tommasinianus*), bosanemoon (*Anemone nemorosa*), daslook (*Allium ursinum*), kievitsbloem (*Fritillaria meleagris*), knikkende vogelmelk (*Ornithogalum nutans*) en lenteklokje (*Leucojum vernum*).

Augustus

Bollen die gevoelig zijn voor uitdrogen

De navolgende bollen moeten óf direct na aankomst geplant worden óf tijdelijk een tussenstop maken in bakken met zand of turfmolm.

Allium paradoxum en *A. ursinum*
Anemone (alle soorten)
Corydalis bulbosa
Crocus (alle soorten)
Erythronium (alle soorten)
Fritillaria meleagris
Galanthus (alle soorten)
Leucojum vernum
Lilium (alle soorten)

In dit kader is het denk ik niet onverstandig om erop te wijzen dat juist deze soorten beter rechtstreeks bij een goede kweker besteld kunnen worden. Lelies (*Lilium*), sneeuwklokjes (*Galanthus*), anemoontjes en al deze andere soorten die wekenlang in zakjes in een warme tuinwinkel op een koper hebben moeten wachten, zullen weinig kans op succes geven.

Extra diep of juist ondiep planten

Op een diepte van minimaal 7 cm: *Anemone* (alle soorten), *Eranthis* (alle soorten).
Op een diepte van minimaal 10 cm: *Galanthus* (alle soorten).
Maar net onder het aardoppervlak: *Eremurus* (alle soorten), *Cyclamen* (alle soorten), *Lilium candidum*.

Gouden Regels

Het kan geen kwaad om er nog eens op te wijzen dat, als je alles goed voorbereidt, de verwachtingen ook hoog gespannen mogen zijn en dat je daardoor in het voorjaar dubbel en dwars zult genieten van het resultaat. "Goed begonnen is half gewonnen" zegt het spreekwoord en dat geldt zeker voor het toveren met bollen. Daarom in het kort nog een keer de "gouden regels", de sleutel naar succes.

Regel 1 – Tijdig bestellen

Zoek, op basis van de plaatselijke situatie en de klimatologische omstandigheden in jouw tuin, uit welke bollen daarvoor geschikt zullen zijn en bestel ze tijdig zodat je niet de kans loopt dat bepaalde soorten uitverkocht zijn. Begin november is ongeveer het uiterste tijdstip waarop je bij de meeste kwekerijen nog iets kunt bestellen, maar op dat moment ben je in ieder geval al te laat voor de bollen die vroeg geplant moeten worden, zoals sneeuwklokjes. En bovendien gaat er, zonder dat de kwekers er iets aan kunnen doen, wel eens iets mis met een bepaalde partij bollen, waardoor het aanbod klein is en uiteraard de regel geldt dat wie het eerst komt ook het eerst maalt. Zelf probeer ik altijd een lijst te maken zodra ik de eerste najaarscatalogus ontvangen heb en dat heeft eigenlijk nooit tot teleurstellingen geleid.

Regel 2 – Goede grondstructuur

Zorg ervoor dat de grond waarin de bollen straks geplant worden, een goede waterafvoer heeft. De meeste bollen houden niet van nat; er zijn maar een paar soorten die graag vochtig willen staan, zoals *Fritillaria meleagris*, *Allium ursinum*, *Allium triquetrum* en *Leucojum aestivum*. Bollen wortelen niet diep en daarom moet de grond het vocht wel goed kunnen vasthouden. Op zandgrond geeft dat meer problemen dan op veen- en kleigrond, maar desnoods kan de structuur van de grond verbeterd worden door toevoeging van compost.

Regel 3 – Het tijdelijk bewaren

Pak de bollen na aankomst meteen uit. Als ze niet direct geplant kunnen worden, maak dan in ieder geval wel de zakken open zodat er voldoende luchtcirculatie is en zet ze op een droge, donkere en koele plek; "koel" betekent in dit geval: tussen 17 en 20 °C. Wanneer er bollen tussen zitten die snel uitdrogen, zoals *Allium ursinum*, *Anemone*, *Eranthis hyemalis*, *Erythronium*, *Fritillaria meleagris*, *Galanthus*, *Leucojum vernum* en *Lilium*, moeten ze beschermd worden door ze tot aan het moment van planten te bewaren in een bak met zand of turfmolm. *Anemone*, *Eranthis* en *Cyclamen* moeten bovendien vóór het planten eerst een etmaal in water gelegen hebben om te weken.

Regel 4 – Tijdig planten

Probeer niet te laat in het jaar te planten. De bollen moeten nog een goed wortelstelsel kunnen ontwikkelen voor het invallen van de vorst en doen dit vrij snel, zolang de bodemtemperatuur nog tussen de 5 en 10 °C ligt. Een vroege nachtvorst kan niet zo veel schade aanrichten, als de bovengrond overdag nog maar ontdooit. Als de bollen zich eenmaal "gesetteld" hebben kunnen ze behoorlijk wat kou verdragen en is afdekken niet noodzakelijk. De beste tijd om vroegbloeiende bolletjes (*Eranthis*, *Crocus* en *Galanthus*) te planten is eind september. De later bloeiende bollen worden in oktober-november geplant.

De ranke leliebloemige tulp 'West Point' als contrast met bolvormige groepen *Euphorbia polychroma* (wolfsmelk) en *Alchemilla mollis* (vrouwenmantel).

Regel 5 – Op juiste diepte planten

Plant de bloembollen voldoende diep: met minimaal twee keer de hoogte van de bol aan aarde er bovenop. Op zandgrond wordt zelfs liever nog iets dieper geplant in verband met eventueel uitdrogen. Ook hier zijn er natuurlijk weer uitzonderingen, zoals *Eremurus* en *Lilium candidum* die zo ondiep geplant willen worden dat er maar een heel dun laagje grond op de bol komt.

Regel 6 – Voldoende voeding

Bemesting is niet beslist noodzakelijk maar kan in een aantal gevallen een gunstige invloed hebben, vooral als nieuwe borders en perken worden aangelegd en de structuur van de grond niet optimaal is. In zo'n geval wordt na het planten een basisbemesting van kunstmest gegeven (N-P-K 7-14-28 op zandgrond en N-P-K 12-10-18 op alle overige grondsoorten; 200 gram per 10 m^2 is voldoende). Als alternatief kunnen ook gedroogde koemestkorrels of compost worden toegediend. Als de bollen eenmaal vast staan en alsnog behoefte aan extra voeding hebben kan één keer per jaar, direct na de bloei, een mestgift toegediend worden.

Regel 7 – Blad niet te vroeg afsnijden

Alle bollen moeten de mogelijkheid krijgen om bovengronds volledig af te sterven en zodoende een volmaakte groeicyclus te doorlopen. Dat betekent dat geel wordend blad niet mag worden afgesneden, omdat de bol zich daaruit voorziet van nieuwe voedingsstoffen. En dat geldt natuurlijk ook voor bollen die in het gras geplant zijn. Daarom mag in dat geval pas op zijn vroegst 6 weken na de bloei gemaaid worden.

Regel 8 – Klisters delen

Bij bolgewassen die klisters (bijbollen) vormen, kunnen de klisters na een aantal jaren worden gedeeld (van elkaar gehaald) en opnieuw geplant. Daardoor wordt de groei gestimuleerd. En zo beginnen vooral krokussen, narcissen, tulpen en sneeuwklokjes met hernieuwde energie aan een tweede leven.

September

Naaktbloeier
De bloemen van de meest "gewone" herfsttijloos, *Colchicum autumnale*, verschijnen als kale, blauwpaarse knoppen boven de grond en worden daarom ook wel "naakte vrouwtjes" ("Naked Ladies", "Dame-sans-chemise") genoemd. *Colchicum* heeft de meeste bekendheid gekregen omdat zij overal wordt aanbevolen als droogbloeier; de platte, hartvormige knollen bevatten zoveel voedingsstoffen dat ze gemakkelijk op een schoteltje in de vensterbank tot bloei kunnen komen. Na de bloei kan de knol dan in de tuin geplant worden.
Voor mij hoeft zoiets niet, ik vind het eigenlijk de knol onwaardig om hem op zo'n onnatuurlijke manier te laten bloeien en stop hem liever meteen in de grond. De knol kent echter maar een hele korte rustperiode en daarom is alleen de maand augustus geschikt om hem te planten.

Bollenmarkt
Als je op het laatste moment nog iets bijzonders wilt dan is een bollenmarkt daarvoor de aangewezen gelegenheid.
In Nederland wordt ieder jaar omstreeks half oktober in Lisse de Nationale Bloembollenmarkt gehouden. Inlichtingen: 0252-515122.
In België organiseert het Arboretum in Kalmthout (Heuvel 2) ieder voor- en najaar een speciale "Plantendag" waarop allerlei bijzonderheden, waaronder ook vele soorten bollen, te koop zijn. Inlichtingen: (00-32) 03-6666741.

Toveren met bollen: de praktijk

Wie ervan overtuigd is dat bollen een verrijking kunnen betekenen voor de tuin (en wie zou daar na het lezen van de vorige hoofdstukken nog aan durven twijfelen?), is toe aan een plan de campagne: welke soorten kies je en op wat voor manier laat je die samengaan met de overige beplanting? Alvorens daarover in nadere details te treden wil ik een aantal punten bespreken dat van groot belang is voor het welslagen van het geheel.

Landelijk of stads?

Om te beginnen moet de sfeer van de te kiezen bollen aansluiten bij de sfeer van de tuin. Bepaalde bolgewassen horen meer in stadstuinen thuis, andere zijn typische landschapsbollen en er is een groep die, al naar gelang de omstandigheden, eigenlijk beide kanten op kan. Zo zijn bijvoorbeeld *Anemone coronaria*, *Fritillaria imperialis* en *Tulipa kaufmanniana* duidelijk "stadse" bolgewassen die niet op hun plaats zijn in een landschappelijke tuin. Wèl daarin passen *Anemone blanda* en *Fritillaria meleagris*, en in bepaalde gevallen zou *Tulipa turkestanica* daar ook op haar plaats kunnen zijn.
Wat op welke plek te kiezen is dus soms overduidelijk, maar is meestal een kwestie van gevoel en daarom is het onmogelijk om voor iedere situatie exacte richtlijnen te geven. Wat in het ene geval wel kan, gaat in een ander geval net te ver. Maar zo is het ook met alle andere gewassen die een tuin aankleden en een beetje tuinier(ster) zal feilloos aanvoelen wat op een gegeven moment zijn of haar mogelijkheden en beperkingen zijn.

Samenspel

Minstens zo belangrijk zijn kleur en bladtextuur. Omdat bollen meestal als laatste groep toegevoegd worden aan een al eerder aangebrachte beplanting, is het vanzelfsprekend dat de aanwezige planten als uitgangspunt dienen voor de erbij te kiezen bolgewassen. Dit betekent dat het kleurenschema van de bollen afgestemd moet worden op de reeds aanwezige kleuren. En hetzelfde geldt voor bladtexturen. Voordat er van enige bloei sprake is kan het samengaan van verschillende bladvormen ook heel bijzondere plaatjes opleveren.
Kleur en vooral een juiste samenstelling van kleuren zijn veel belangrijker dan vaak wordt gedacht. Kleuren hebben invloed op onze emoties: een verkeerde samenstelling van kleuren geeft je een chaotisch, onrustig gevoel, terwijl je een uitgekiende combinatie juist als heel rustgevend of opwindend kunt ervaren. Een kleur staat nooit op zich maar wordt altijd beïnvloed door de kleuren die in zijn omgeving voorkomen en van die wetenschap moet je gebruik maken bij het invullen van een kleurenschema voor de tuin.
Om het verschil duidelijk te maken zou je je moeten voorstellen dat je de dieprode leliebloemige tulpen 'Red Shine' laat samengaan met het vroege, frisgroene blad van *Hemerocallis* (daglelie): een elegante, rustgevende combinatie. Maar als je diezelfde rode tulpen mengt met dubbele late tulpen 'Carnaval de Nice', die wit met rood gevlamde, op pioenen gelijkende bloemen heeft, is het beeld opeens totaal anders: samen stralen zij iets dartels en zeer lente-achtigs uit.

Effecten van kleurgebruik

Om serene, spetterende, lieflijke of juist imposante combinaties te kunnen maken is het belangrijk om je iets meer te verdiepen in het effect dat kleuren en de combinaties ervan kunnen bewerkstelligen.
Er zijn zogenaamde koele en warme kleuren. Wit, grijs (eigenlijk geen kleuren, maar wel volop aanwezig in de plantenwereld), grijsgroen, blauw, blauwgroen, groen en groengeel vallen onder de eerste groep. De overige kleuren, van geel via oranje en rood naar paars en violet behoren tot de andere categorie. Er is geen groter contrast denkbaar dan tussen koude en warme kleuren. En met

Deze helderwitte tulpen 'White Emperor' kunnen zich geen betere achtergrond wensen dan het heldere groen van *Euphorbia* en *Hemerocallis*.

de combinatie daarvan moet je dus zeer voorzichtig zijn om te voorkomen dat het in de tuin onrustig wordt. Een natuurlijke tuin kan in principe alle mogelijke kleuren in zich verenigen, maar kleur-op-kleur combinaties (nuances van een of twee kleuren die dicht bij elkaar liggen) maken er een harmonieus geheel van. En zoals al eerder gezegd, dragen een herhaling van kleuren en kleurcombinaties bij aan deze nodige rust.

Geel

Onder vroegbloeiende bollen zijn geeltinten in de meerderheid, op enige afstand gevolgd door blauw en in weer veel mindere mate door wit, roze en lila. Geel is een heldere, opvallende kleur die vooral uitstekend te combineren is met groentinten. En omdat er in een vroege voorjaarstuin nog maar weinig bloeiende vaste planten te vinden zijn, kunnen geelbloeiende bolgewassen goede partners vinden in het vroeg uitlopende blad van *Geranium*, akelei, *Hosta* en viooltjes of het altijdgroene blad van *Helleborus* en sommige *Euphorbia*-soorten. Bladhoudende heesters zoals *Viburnum*, taxus, buxus en struikklimop (*Hedera helix* 'Arborescens') zijn mooi als achtergrond, evenals vroegbloeiende of vroeg in blad komende heesters zoals *Amelanchier* (krentenboom) en *Sorbaria*.

Blauw

Blauw is een mysterieuze, koele kleur die in de wereld van de bollen minstens zo vaak voorkomt als in de vasteplantenwereld. Blauwe druifjes, *Camassia*, *Scilla*, *Puschkinia*, *Hyacinthoides* en *Anemone blanda* zijn goede voorbeelden van echte blauwe bolbloemen. Planten met crèmewitte bloemen of crèmewit gerand blad zijn goede buren voor de donkere tinten blauw. Zuiver wit is in dit geval een te harde kleur. Ook mooi naast donkerblauw zijn geelgroen blad (*Euphorbia polychroma*, *Hosta fortunei* 'Aurea') of geelgroene bloemen (*Helleborus foetidus* en *H. odorus*, *Alchemilla mollis*). Lichtblauwe bloeiers hebben meer aan donkergroen blad of aan dieprode tinten zoals van *Heuchera* 'Rachel', *Ajuga reptans* 'Braunherz' of *Anthriscus syl-*

vestris 'Raven's Wing', de donkerbladige vorm van fluitekruid.

Wit
Wit is er in vele tinten: stralend wit, crèmewit, geelwit en wit met een roze gloed zijn maar een paar van de vele nuances, maar in grote lijnen kan je onderscheid maken tussen helderwit en bedekt wit, wat aangeeft dat er een zweem van een andere tint doorheen schemert. Wit blijft het meest een zelfstandige kleur in een omgeving met ondersteunende tinten zoals donkergroen, blauwgrijs, bruinrood, geelgroen en blauwgroen. De laatste twee zijn goede kleuren voor helderwit, terwijl bedekt wit beter uitkomt naast bruinrood, donkergroen en blauwgrijs.

Roze
Roze is een zoetige, brave kleur die in de felle zon soms nogal flets kan worden. Daarom wordt deze tint bij voorkeur toegepast in gedeeltelijke schaduw in combinatie met wat steviger kleuren zoals dieprood, donkergroen, paars en violet. Op zijn mooist is dan *Chionodoxa luciliae* 'Pink Giant' als deze gezelschap krijgt van *Viola odorata* met haar donkere blad en blauwpaarse bloemetjes.

Rood
Rood is de warmste, maar tegelijkertijd ook de onrustigste en de meeste aandacht vragende kleur. Echt rood is al snel te schreeuwerig en om dat te temperen kan deze tint het best gecombineerd worden met (veel) donkergroen, blauwgroen of grijs. Bloemen met een andere hoofdkleur waar evenwel toch wat rood in zit, kunnen in bepaalde situaties goede buurplanten zijn. Tulpen 'Couleur Cardinal' (rood) en 'Carnaval de Nice' (rood met wit) gaan zo bijvoorbeeld goed samen temidden van het blauwgroene blad van de rode valeriaan (*Centranthus ruber*).

Oranje
Voor oranje geldt vrijwel hetzelfde verhaal als voor rood: echt oranje domineert gauw en wordt vaak ordinair gevonden, een reden waarom deze kleur het minst van alle in de tuin gebruikt wordt. Ook oranje wordt afgezwakt door combinaties met donkergroen, blauwgroen en grijs; daarnaast is zachtgeel een goede toevoeging. Gelukkig is er wel veel belangstelling voor licht- of abrikoosachtig oranje, zodat er toch nog een kans is voor *Tulipa* 'Apricot Beauty' en *T. batalinii* 'Bright Gem'.

Paars
Paarstinten zijn er vele: van lichtviolet tot diep paarsrood oftewel een schakering die begint met vrij koele tinten en eindigt in warme tinten. Aan de koele kant valt weinig te combineren, want paars met blauw is meestal lelijk, maar aan de warmere kant zijn het vooral de roodachtige tinten die goede partners zijn. Roze en grijs komen ook in aanmerking en dan zijn het verder alle schakeringen in de kleur zelf waarmee goed te combineren valt. Een prachtig geheel vormen *Geranium cinereum* 'Splendens' (dieproze met donkere aderen), *Nepeta mussinii* (zachtlila, grijs blad), *Gladiolus communis byzantinus* (paarsroze) en *Allium* 'Purple Sensation' (paarsrood).

Wel of geen zorg

Waar zeker ook nog aan gedacht moet worden is wat je verwacht van de te maken combinaties en hoeveel tijd je bereid bent er in te steken. Er valt namelijk een verdeling te maken tussen bollen die je na het planten vrijwel aan hun lot kunt overlaten omdat ze uit zichzelf jaar na jaar zullen terugkomen en zich zelfs zullen vermeerderen (de zogenaamde verwilderingsbollen) en bollen die na de eerste paar jaar extra zorg nodig hebben: bollen die niet verwilderen, maar wel geschikt zijn voor meerjarenbeplanting. Dat laatste houdt in dat deze bolgewassen voldoende reserves hebben voor 3, misschien 4 of zelfs 5 achtereenvolgende jaren, maar dat ze dan een keer extra voeding nodig hebben of eens uit de grond gehaald, van elkaar losgemaakt en opnieuw uitgeplant willen worden. Tot de eerste groep behoren o.a. *Chionodoxa*, *Eranthis*, *Galanthus*, *Lilium martagon* en *Scilla*. De tweede groep omvat voornamelijk vele tulpen- en narcissensoorten, maar ook *Camassia*, *Muscari* en *Anemone blanda*.

Tulipa clusiana **'Cynthia' als tuinlantaarntjes in een bed van verschillende soorten bodembedekkers, zoals bonte hanepoot (*Aegopodium podagraria* 'Variegata'), hondsdraf (*Glechoma hederacea*) en klimop (*Hedera*).**

Rood is op zijn mooist tussen groentinten. Hier geldt dat voor tulpen 'Esperanto': een helderrood met wit en groen gevlamde bloem die ondersteund wordt door groen met wit gerand blad.

Oktober

Van tulband naar tulp

Het Latijnse *Tulipa* is waarschijnlijk afgeleid van het Perzische "dilband" oftewel tulband; de Perzen noemden de bloem zo omdat haar vorm enigszins op dit hoofddeksel lijkt. In Turkije, waar de tulp ten tijde van het Ottomaanse Rijk (16e eeuw na Christus) in hoog aanzien stond, werd "dilband" tot "tulipan" en vervolgens uiteindelijk tot *Tulipa*.
Alle Europese landen hebben deze naam vrijwel ongewijzigd aangepast aan hun taal; wat in het Nederlands "tulp" is heet in het Engels "tulip", in Frankrijk "tulipe", in Zweden "tulpan" en in Spanje zijn we terug bij af met "tulipán".

Combinaties van experts

Het bedenken van combinaties is iets dat puur voortkomt uit persoonlijke smaak. Een aantal van mijn eigen favorieten is te vinden op het kalenderblad van november (blz. 76). Maar omdat ik niet de enige ben die met combinaties van bollen en vaste planten experimenteert, heb ik een paar goede bekenden uit het vak gevraagd om hún lijstjes op te sturen. Hier de uitkomsten van dat verzoek.

Rita van der Zalm

Sedum telephium 'Herbstfreude' met
Hyacinthus 'Prinses Maria Christina'

Viola tricolor met
Ipheion uniflorum 'Wisley Blue' en
Muscari armeniacum

Alchemilla erythropoda en
Hosta fortunei 'Aureomarginata' met
Allium moly

Piet Oudolf

Darmera peltata met
Camassia cusickii

Geranium pratense en
Geranium sylvaticum met
Allium 'Purple Sensation'

Lamium orvala en
Luzula nivea met
Hyacinthoides non-scripta en
Scilla siberica 'Spring Beauty'

Eryngium giganteum en
Stipa calamagrostis met
Allium sphaerocephalon

Ton ter Linden

Euphorbia dulcis 'Chamaeleon' en
Euphorbia griffithii 'Fire Glow' en
Euphorbia polychroma 'Major' en
Trollius 'Etna' en
Trollius 'Lemon Queen' met
Tulipa 'Prinses Irene' en
Tulipa 'Orange Monarch'

Hosta 'Big Daddy' met
Tulipa 'White Emperor' en
Tulipa 'Swan Wings' en
Camassia leichtlinii 'Alba'

Myosotis in roze en blauw met
Tulipa 'Greenland'

Van postzegel tot park

Bollen voor ieder type tuin, zo zou de ondertitel van dit hoofdstuk kunnen luiden. Uitgelicht zijn hier namelijk een aantal kenmerkende tuinen, waarvoor tal van suggesties voor attractieve plantencombinaties worden gegeven.

Een donker binnenplaatsje en een zonnige patio

Hoe kleiner een tuin, hoe belangrijker het wordt om te kiezen voor planten met een hoge sierwaarde. Het liefst planten met mooie, langbloeiende, geurende bloemen waar allerlei vlinders op afkomen. Maar tegelijkertijd moeten diezelfde planten ook vroeg uitlopen, het hele seizoen aantrekkelijk blad hebben, in de loop van de zomer bijzondere zaaddozen vormen en ten slotte met een adembenemende herfstkleur een tijdelijk afscheid voorbereiden.
Zulke planten bestaan niet. En daarom moeten we het doen met goede combinaties van planten die een aantal van deze eigenschappen in zich hebben en die op momenten waarop ze het tijdelijk laten afweten steun krijgen van bloembollen. Dan is het in een kleine tuin lastiger om een goede samenstelling van planten te bedenken dan in een grotere tuin. In een grote tuin kan nog wel eens wat weggemoffeld worden, maar in een ruimte waarin je alles in één oogopslag kunt overzien word je ieder moment herinnerd aan de gemaakte misstap.
Iedere mogelijke situatie onder de loep nemen zou een extra boek over kleine tuinen betekenen. Daarom leg ik twee uitersten naast elkaar en geef suggesties voor een schaduwrijk, vrij vochtig binnenplaatsje en een zonnig patiotuintje waar het 's zomers flink warm kan worden.

De donkere binnenplaats

De schaduw die 's zomers op de binnenplaats geworpen wordt is afkomstig van omringende huizen, bomen uit de eigen tuin of bomen uit buurtuinen. Op de binnenplaats bepalen een aantal heesters en eventueel een haag de verdere indeling van de ruimte. Waar de resterende oppervlakte niet door verharding in beslag genomen wordt, is plek voor vaste planten en bollen. Naast verschillende groentinten zijn de hoofdkleuren in dit geval blauw, wit, geel en groengeel met een beetje paarsrood.
De eerste laag bestaat uit bodembedekkers:

- *Omphalodes verna* (blauwe onschuld, vroeg in het blad lopend en in maart-april-mei bloeiend met blauwe, vergeet-mij-nietachtige bloemetjes), in combinatie met *Leucojum aestivum* 'Graveteye Giant' (wit, mei), narcis 'Thalia' (wit, mei) en *Allium moly* (geel, juni-juli). Vooral in een kleine tuin moet je ook profiteren van de mogelijkheden die er zijn om bollen in lagen boven elkaar te planten, waardoor een bepaalde plek meerdere keren per seizoen kan bloeien: het beroemde sandwichsysteem, zoals dat ook al beschreven is in de hoofdstukken over bollen in potten.
- *Aegopodium podagraria* 'Variegata' (bonte hanepoot, vroeg uitlopend in maart-april, bladeren met een crèmewitte rand). *Aegopodium* en *Omphalodes* hebben ongeveer dezelfde groeikracht, zodat van enige concurrentie nauwelijks sprake zal zijn. Deze bonte hanepoot krijgt in maart een verrassend ander uiterlijk door toevoeging van narcissen en vervolgens in april-mei door *Fritillaria pallidiflora*.
- *Pulmonaria augustifolia* (longkruid, vroeg uitlopend en in maart-april bloeiend met eerst roze, later naar blauw verkleurende bloemen); mooi met enkele toeven *Geranium phaeum* 'Album' (vroeg uitlopend blad, witte bloemen van mei tot juli) en *Scilla siberica* 'Spring Beauty' (blauw, maart-april).

Vervolgens is het de beurt aan hogere vaste planten:

- *Helleborus foetidus* (stinkend nieskruid; altijdgroen met mooi blad, vanaf februari bloeiend met appelgroene bloemen) met *Galanthus nivalis* (wit, januari-februari).

Een sprankelende voorjaarsdag met helderwitte tulpen 'White Emperor' en de zacht oranjegele bloemen van *Tulipa batalinii* 'Bright Gem' in een border met buxus, siergrassen en *Cephalaria gigantea*.

- *Anemone japonica* 'Honorine Jobert' (Japanse anemoon, vroeg uitlopend blad en witte bloemen in september-oktober) en *Thalictrum rochebrunianum* (ruit, vroeg uitlopend akelei-achtig blad en fijne lilablauwe bloemen in augustus-september); aangevuld met narcis 'Jenny' (doorschijnend groen-wit, april-mei). Na de bloei van deze laatste wordt het loof uit het zicht genomen door het hoger opkomend blad van beide genoemde vaste planten.

En tenslotte enkele heesters:

- *Hydrangea arborescens* 'Annabelle' (een hortensia met grote bolvormige, crèmewitte bloemen die naar zachtgroen verkleuren) met *Lilium martagon* (paarsrood, juni).
- *Hedera helix* 'Arborescens' (struikklimop; bolvormige, altijdgroene heester met zwarte bessen in het najaar) met narcis 'Jenny' en *Camassia leichtlinii* 'Caerulea' (hemelsblauw, mei-juni).

Als toegift, met name voor het najaar en winter, kan hier en daar een aantal *Arum italicum* geplant worden. Vooral de oranje bessen en het getekende groenblijvende blad zijn spectaculair.

Met dit beknopte beplantingsplan kan een kleine donkere binnenplaats omgetoverd worden tot iets moois dat met recht het predikaat "tuintje" verdient. Maar er zijn natuurlijk nog veel meer mogelijkheden. Daarom hierbij een kleine selectie:

- *Astilbe* 'Sprite' (mooi donker blad, later zachtroze bloemen) met *Hyacinthoides hispanica* in gemengde kleuren: roze, wit en blauw.
- *Geranium cantabrigiense* 'Cambridge' (mooi blad en later roze bloemen) met *Anemone blanda* 'Charmer' (donkerroze) en *Chionodoxa luciliae* 'Pink Giant' (lichtroze).
- *Geranium macrorrhizum* (rozerode bloemen) en *Pulmonaria saccharata* 'Cambridge Blue' (roze met blauwe bloemen en mooi gevlekt blad) met *Hyacinthoides hispanica* (blauw) en *Anemone blanda* 'Blue Shades' (blauw).
- *Hosta undulata* 'Albomarginata' (groen blad met witte rand) en *Primula elatior* (geel) met narcis 'Jack Snipe' (wit met gele bloem).
- *Houttuynia cordata* (mooi donkergroen blad, later witte bloemen) met *Allium ursinum* (wit) en *Nectaroscordum siculum* (groen met roze bloemen).
- *Pachysandra terminalis* (mooi glanzend groen blad en geurende crèmewitte bloemen) met *Chionodoxa luciliae* 'Blue Giant' (blauw) en *Narcissus poeticus recurvus* (geurende witte bloemen).
- *Symphytum grandiflorum* (donkergroen blad en zachtgele bloemen) met *Narcissus odorus* 'Plenus' (zachtgeel).
- *Tiarella cordifolia* en *Tiarella wherryi* (beide met mooi blad en crèmewitte bloemen) met narcis 'Hawera' (geel) en *Anemone blanda* 'Blue Shades' (blauw).
- *Vinca minor* 'Bowles' Variety' (blauw) met *Scilla litardierei* (blauw) en *Camassia cusickii* (blauw).
- *Vinca minor* 'Gertrude Jekyll' (wit) met *Galanthus nivalis* 'Flore Pleno' (wit) en *Camassia leichtlinii* 'Alba' (wit).
- *Waldsteinia ternata* (groen glanzend blad, gele bloemen) met *Eranthis hyemalis* (geel, januari), narcis 'Topolino' (geel, maart) en *Allium moly* (geel, juni).

Een mengeling van blauwtinten in een tapijt van *Brunnera macrophylla* (Kaukasische vergeet-mij-niet), waartussen groepen blauwe druifjes (*Muscari armeniacum*) omhoog komen. Na de bloei bedekt het grote hartvormige blad van *Brunnera* het geel wordend druifjesblad.

De zonnige patiotuin

In een beschutte, zonnige patiotuin wil je natuurlijk ook zoveel mogelijk van die warmte genieten. Daarom geen boom, maar hooguit ergens een loggia met een druif en een geurende gele klimroos, of zelfs een wintergroene clematis zoals C. *armandii*. Een enkele heester die 's winters ook mooi is (*Viburnum tinus* is daarvoor heel geschikt) geeft een altijd aanwezige structuur aan het geheel. De resterende ruimte verdelen we in plekken om te vertoeven en plekken voor beplanting.

In een besloten tuin moet hoge beplanting zoveel mogelijk worden vermeden, want daardoor ontstaat een gevoel van benauwdheid. Wel moet er ruimte zijn voor veel bodembedekkers die via brede voegen in de verharding ook door mogen kruipen en daarmee de bestrating verzachten. En verder zoveel mogelijk vaste planten, waaronder siergrassen die er 's winters ook goed uitzien, om te voorkomen dat de binnentuin in de koudste tijd van het jaar te stenig wordt. Bollen worden ten slotte toegevoegd om deze vaste planten gezelschap te houden en om de vlakken met bodembedekkers op te vrolijken. En natuurlijk mogen in een dergelijk tuintje bollen in potten niet ontbreken.

Adembenemend, ook als droogbloem, is *Allium schubertii*. Voor lichte, warme plekken. Hier in gezelschap van beemdooievaarsbek (*Geranium pratense*).

Combinaties waarin de kleuren geel, wit en blauw de toon zetten, pleksgewijs aangevuld met chocoladebruin en grijs:

- *Acaena magellanica* (stekelnootje met blauwgroen blad) en *Salvia officinalis* 'Berggarten' (salie met breed zilvergrijs blad dat in de winter ook mooi is) met *Crocus chrysanthus* 'Cream Beauty' (roomgeel, februari-maart) en *Allium flavum* (goudgeel, juli-augustus).
- *Aubrieta* 'Hamburger Stadtpark' (blauw, april-mei), *Stipa turkestanica* (siergras met blauwgroen blad en sierlijke halmen) en *Lavandula augustifolia* 'Grappenhall' (blauw, juni-augustus) met *Anemone coronaria* 'Lord Lieutenant' (blauw, maart-april), *Tulipa urumiensis* (bronsgeel, april) en *Muscari latifolium* (licht- met donkerblauw, april-mei).
- *Thymus serpyllum* (kruiptijm) en *Hakonechloa macra* 'Aureola' (breed bossig siergras met geelgroen blad; in de winter heel opvallend strogeel) met *Ipheion uniflorum* 'Wisley Blue' (violetblauw, maart-mei) en *Iris bucharica* (wit met geel èn geurend, april).
- *Campanula portenschlagiana* 'Resholt Variety' (blauw, juni-september), *Erysimum* 'Yellow Bird' (muurbloem, geel, maart-mei) en *Carex morrowii* 'Variegata' (witbont siergras) met *Tulipa turkestanica* (crèmewit, maart) en *Tulipa tarda* (wit met geel, april-mei).
- *Campanula poscharskyana* 'Stella' (blauw, juni-juli), *Euphorbia polychroma* (wolfsmelk, groengeel, april-mei) en *Euphorbia characias wulfenii* (wolfsmelk, groengeel, juli-september) met tulpen 'White Triumphator' (mei) en *Allium nigrum* (groen met wit, juni).
- *Cerastium tomentosum* (hoornbloem, wit, mei-juni en grijs blad) en *Euphorbia amygdaloides* 'Purpurea' (wolfsmelk met chocoladebruin, in de winter aanblijvend blad en geelgroene bloemen in april-mei) met *Fritillaria persica* 'Adiyaman' (chocoladebruin, april-mei) en *Cholchicum autumnale* 'Album' (wit, september).

Ook hier weer enkele anders getinte alternatieven:

- *Acaena magellanica* (blauwgroen blad) met *Iris reticulata* 'Cantab' (zachtblauw) en *Allium unifolium* (roze).
- *Aurinia saxatilis* (= *Alyssum saxatile*: grijsbladig, gele bloemen) met *Iris bucharica* (geel) en tulp 'Hummingbird' (geel).
- *Cerastium tomentosum* (grijs blad, witte bloemen) met *Tulipa tarda* (wit met geel) en *Muscari botryoides* 'Album' (wit).
- *Lotus corniculatus* 'Plenus' (geel) met *Fritillaria imperialis* 'Lutea' (geel), *Fritillaria imperialis* 'Rubra' (oranjerood) en tulp 'Prinses Irene' (oranje).
- *Phuopsis stylosa* (lichtgroen blad, roze bloem) en enkele stuks *Plantago major* 'Rubra' (dieprood blad) met *Anemone coronaria* 'Sylphide' (violetroze).
- *Sedum* 'Immergrünchen' (donkergroen blad, gele bloemen) met *Crocus chrysanthus* 'Goldilocks' (geel), *Tulipa batalinii* 'Bright Gem' (abrikoosgeel) en *Allium moly* (geel).
- *Stachys byzantina* 'Silver Carpet' (grijs wollig blad) met hyacint 'Distinction' (diep paarsrood) en tulp 'Black Parrot' (diep paarsrood).

Een middelgrote stadstuin

Het merendeel van de Nederlandse tuinen heeft een gemiddelde oppervlakte van rond de zestig vierkante meter. In Vlaanderen zijn de tuinen gemiddeld groter, maar een oppervlakte van zo rond de 100 vierkante meter komt vrij veel voor.
Tuinen van een dergelijke grootte bieden heel wat mogelijkheden om te experimenteren met bollen in combinatie met andere planten.

De middelgrote stadstuin met een zonnige ligging

Een zonnige tuin kan best wat sterke, vrolijke kleuren gebruiken en omdat de combinatie roze-wit-blauw-grijs zo langzamerhand tot in den treure herhaald is, is dat een extra reden om hier te kiezen voor een beplantingsschema met vlammende kleuren.
Een boom die enigszins als parasol dienst doet door de spreidende groeiwijze van de kroon is *Gleditsia triacanthos* 'Sunburst'; zoals de naam al aangeeft met goudgeel blad dat echter pas laat, in mei, verschijnt. Een, of desnoods twee, van deze bomen zijn voldoende voor een middelgrote tuin.
Structuur breng je in zo'n tuin met behulp van heesters en desgewenst ook van hagen. In dit geval is de rood-

Foto blz. 64: Een bont gezelschap, maar als de kleuren goed op elkaar afgestemd zijn is zo'n border een feest voor het oog.
Foto blz. 65: Perfecte partners zijn hoge leliebloemige tulpen 'West Point', lage *Tulipa whittallii* en verschillende soorten *Euphorbia* met de zonminnende *Hosta plantaginea* 'Grandiflora'.

bruine beukenhaag (*Fagus sylvatica* 'Atropurpurea) dan een goede keus.
Bij de heesters gaat het in deze situatie ook meer om de kleur van het blad dan om de bloemen: allereerst *Philadelphus coronarius* 'Aureus', de goudgele vorm van de boerenjasmijn. Als losgroeiende struik enigszins rommelig, maar met wat bijknippen hier en daar is er een mooie bolvorm van te maken. Deze heester heeft al blad in april en vormt een spetterende achtergrond voor diverse soorten tulpen en narcissen. Bijvoorbeeld: *Philadelphus coronarius* 'Aureus' met narcis 'February Gold' (geel, vanaf eind februari), gevolgd door de heerlijk geurende narcis 'Actaea' (wit, mei) of met de vroegbloeiende tulp 'Prinses Irene' (oranje met zachtgroen, april), gevolgd door tulp 'Queen of Night' (diep paarsbruin, mei). Deze tulp is trouwens ook prachtig in combinatie met een bontbladige kornoelje (*Cornus alba* 'Aureomarginata'), die heel goed past in een tuin met een vlammend kleurenschema.
Als contrast kan een roodbladige heester toegepast worden: *Cotinus coggygria* 'Royal Purple' (pruikenboom), die op den duur zeer groot kan worden. Het is echter een langzame groeier en bovendien is het aan te raden hem jaarlijks een beetje in te korten, zodat hij niet te vormloos wordt. Heel bijzonder als achtergrond voor de leliebloemige tulp 'Ballerina' (mei, oranje).
En dan een plant die het midden houdt tussen een heester en een vaste plant: *Artemisia abrotanum*, oftewel citroenkruid. Deze soort heeft heel fijn grijs blad dat, zoals de naam al zegt, naar citroen ruikt. Ieder voorjaar de stengels tot op minstens de helft inkorten bevordert de groei en maakt dat de plant compact en stevig wordt. Dit struikje, dat een uiteindelijke hoogte en breedte van ongeveer een meter haalt, vormt (omdat het vrij vroeg blad krijgt) een perfecte achtergrond voor de Viridifloratulp 'Esperanto' (rood met zilverwit en groen, mei). Wat de combinatie vervolmaakt is het frisgroene blad van *Hemerocallis* 'Black Prince', die later in het seizoen met roodbruine bloemen bloeit, en de ranke stengels van de leliebloemige tulp 'Red Shine' (dieprood, mei). Een uitgekiend samenspel van vormen en kleuren dat best op meerdere plekken in de tuin herhaald mag worden.
En dan de vaste planten zelf: een vuurwerk van oranje, (goud-)geel, dieprood en daarbij wat grijs om het geheel te blussen.
Om met de laagstblijvende soorten te beginnen: *Viola cornuta* 'Primrose Dame' (geel, april-september) is een prima plant voor in randen, afgewisseld met het ijle lichtgroene siergras *Stipa tenuissima*. Daartussen bloeien achtereenvolgens *Crocus chrysanthus* 'Gipsy Girl' (geel, februari-maart), *Iris danfordiae* (geel, maart) en narcis 'Sundial' (donkergeel met groen, april-mei).
Eveneens geschikt voor randen is *Euphorbia cyparissias* 'Clarence Howard', een wolfsmelksoort met fijn, naaldachtig blad in een groen met roodbruine tint. Schitterend in combinatie met *Potentilla* 'Gibson's Scarlet' (bloedrood, juni-juli); en in het vroege voorjaar met een extra accent van de Kaufmannianatulp 'Show Winner' (dieprood, maart-april) en vervolgens *Anemone coronaria* 'Hollandia' (rood, april-mei).
Iets hoger worden *Alchemilla mollis* (mooi blad, later geelgroene bloemen) en *Euphorbia polychroma*, een andere wolfsmelksoort met goudgeel blad in april; weer zo'n evenwichtig samenspel van planten die in elkaars gezelschap alleen maar mooier worden, vooral wanneer dit nog eens verluchtigd wordt door *Panicum virgatum* 'Warrior', een siergras dat pas later in het seizoen tot volle bloei komt en dat een opvallend roodbruine herfstkleur heeft. Bijpassende bollen zijn de hyacint 'Gipsy Queen' (zalmoranje, april) en de tulpen *Tulipa whittallii* (oranje, april-mei) en 'West Point' (geel, april-mei).
Tussen de vijftig en tachtig centimeter hoog worden *Artemisia* 'Powis Castle' (grijsbladig), *Astrantia* 'Claret' (dieprood, vanaf mei doorbloeiend) en *Aquilegia chrysantha* 'Yellow Queen' (zachtgeel, april-mei). Mooi met de leliebloemige tulp 'Burgundy' (diep paarsrood, april-mei), met narcis 'Quail' (zachtgeel, april-mei) en met *Allium*

Rozerode tulpen 'Christmas Marvel' in een warme en zonnige border met het mooie blad van lavendel, lupine en vrouwenmantel.

sativum ophioscorodon (aesculaap-ui, groengeel, mei-juni-juli).
Voor felle tinten zorgen *Lysimachia ciliata* 'Firecracker' (dieprood blad, gele bloemetjes in juli-augustus), *Crocosmia* 'Emily McKenzie' (oranje, augustus-september) en het gele siergras *Deschampsia cespitosa* 'Goldschleier'. Erbovenuit torent hier en daar *Foeniculum vulgare* 'Giant Bronze', een 1,5 m hoge siervenkel met diep paarsbruin blad. Daartussen bloeien eerst de imposante bloemen van *Fritillaria imperialis* 'Lutea' (geel, april) en ze krijgen ten slotte gezelschap van de op vuurpijlen gelijkende bloemen van *Eremurus* 'Pinocchio' (koperkleurig oranje, juni). Een opwindend geheel met een aantal spectaculaire accenten, maar waarschijnlijk ook niet ieders smaak. Voor wie dit allemaal een beetje te veel van het goede is, is er keus uit een aantal anders getinte combinaties voor in de zon:

- *Acer palmatum* 'Atropurpureum' (donker bruinrood blad) en *Lavandula augustifolia* 'Hidcote' (grijsbladig, later paarsblauwe bloemen) met tulp 'Angélique' (pioenbloemig, lichtroze) en *Fritillaria persica* 'Adiyaman' (diep paarsbruin).
- *Alchemilla mollis* (mooi blad, later geelgroene bloemen), *Geranium renardii* 'Philippe Vapelle' (grijsgroen blad, lilablauwe bloemen) en *Galium tinctoria* (heel fijn blad, later witte bloemen) met *Camassia esculenta* (blauw) en tulp 'Spring Green' (wit met groen).
- *Anemone pulsatilla* (lila), *Astrantia maxima* (mooi blad, later groenroze bloemen) en *Lavandula intermedia* 'Grappenhall' (zilvergrijs blad, later blauwe bloemen) met *Geranium tuberosum* (lila), tulp 'Recreado' (dieppaars) en *Allium* 'Purple Sensation' (dieppaars).
- *Artemisia pontica* (grijsbladig), *Kalimeris incisa* 'Alba' (vanaf mei lang bloeiend met witte margrietachtige bloemen), *Phlomis fruticosa* (grijsbladig, later geel bloeiend) en *Verbascum bombyciferum* (enorme grijze bladrozetten, later 150 cm hoge gele bloemen) met *Muscari botryoides* 'Album' (wit), tulp 'Purissima' (wit) en *Tulipa batalinii* 'Bright Gem' (abrikoos-oranje, grijzig blad).

Onbekende bolgewassen zoals deze blauwe *Camassia leichtlinii* 'Caerulea' zouden veel vaker toegepast moeten worden. Hier met onder andere *Brunnera macrophylla* en tulpen 'Spring Green'.

- *Centranthus ruber* (grijsgroen blad, later rozerode bloemen), *Geranium endressii* 'Wargrave Pink' (roze) en *Aquilegia* 'Nora Barlow' (rood met wit) met tulp 'Couleur Cardinal' (dieprood) en tulp 'Carnaval de Nice' (wit met rood gevlamd).
- *Geranium cinereum* 'Splendens' (dieproze) en *Saponaria ocymoides* (roze) met *Ipheion uniflorum* 'Wisley Blue' (zachtblauw) en *Tulipa bakeri* 'Lilac Wonder' (lilaroze).
- *Geranium endressii* 'Wargrave Pink' (roze), *Salvia nemorosa* 'Ostfriesland' (dieppaars) en *Lavandula augustifolia* 'Hidcote' (grijs blad, later blauwpaarse bloemen) met *Allium roseum* (lichtroze), *Gladiolus communis byzantinus* (roze) en *Lilium regale* (wit met roze).
- *Hosta plantaginea* 'Grandiflora' (glanzend lichtgroen blad, later witte bloemen), *Euphorbia characias wulfenii* (geelgroene bloemen) en *Hakonechloa macra* 'Aureola' (geelgroen siergras) met tulp 'White Emperor' (wit) en *Anemone coronaria* 'Bride' (wit).
- *Nepeta faassenii* 'Six Hills Giant' (blauwviolet) en tulp 'Angélique' (heel licht en iets donkerder roze): eenvoud op zijn best!
- *Salvia verticillata* 'Purple Rain' (lila), *Salvia officinalis* 'Berggarten' (grijs blad) en *Origanum* 'Rosenkuppel' (paarsrood) met *Crocus chrysanthus* 'Eye-catcher' (wit met paars), tulp 'Peach Blossom' (dieproze) en *Allium sphaerocephalon* (paarsrood).
- *Viola cornuta* 'Boughton Blue' (lichtblauw), *Euphorbia dulcis* 'Chamaeleon' (donkerrood blad), *Brunnera macrophylla* (hemelsblauw) en *Smyrnium perfoliatum* (goudgeel blad) met *Muscari armeniacum* 'Saffier' (blauw) en tulp 'Purissima' (wit).

De middelgrote stadstuin met een schaduwrijke ligging

In de schaduwrijke stadstuin is een extra boom waarschijnlijk overbodig, maar als daar wél een plek voor is kan je geen betere keuze maken dan voor *Prunus subhirtella* 'Autumnalis' (wit) of 'Autumnalis Rosea' (roze): een sierkers die in november gaat bloeien op het kale hout en alsmaar doorbloeit tot april, mits het gaat vriezen. Dan houdt hij even zijn adem in en stopt de bloei, maar zodra de temperatuur weer stijgt tot boven nul gaat deze wondersoort vrolijk verder.
In een donkere tuin heb je behoefte aan licht en lucht en daarom zal je moeten kiezen voor ijle planten in lichte

tinten. Wat heesters betreft is bijvoorbeeld *Sorbaria* een goede keus: een heester met varenachtig blad die al heel vroeg uitloopt en in juni-juli witte bloempluimen krijgt. Ook hortensia's zijn een must: de witte *Hydrangea macrophylla* 'White Wave' en de blauwe *Hydrangea serrata* 'Bluebird', die in zo'n schaduwrijke tuin mooi op kleur blijft.
Ronduit spectaculair is *Viburnum bodnantense* 'Dawn'; je moet er wel de ruimte voor hebben, want op den duur wordt het een forse struik: 2,5 m hoog en minstens even breed. Maar in de wintertuin een blikvanger omdat hij al vanaf januari (en soms nog eerder) bloeit met heerlijk ruikende trosjes roze bloemetjes.
Bescheidener in kleur, maar zeker belangrijk door hun structuur en dan vooral in de winter zijn *Viburnum burkwoodii*, de onovertroffen *Hedera helix* 'Arborescens' (beide groenblijvend) en een aantal exemplaren van in bolvorm geknipte *Ribes alpinum*. Deze laatste wordt te weinig gewaardeerd; zijn pluspunten zijn dat hij het letterlijk overal doet, heel vroeg uitloopt en zich in elke gewenste vorm laat knippen.
Het argument dat een schaduwtuin zo lastig is kan meteen weggewuifd worden als je kijkt naar de grote verscheidenheid aan vaste planten die daar toegepast kan worden: geitenbaard, Japanse anemonen, *Campanula*'s, vingerhoedskruid, judaspenning en akeleien om er maar eens een paar te noemen. Allemaal "doodgewone" soorten en daarvan zijn er nog veel meer die geschikt zijn voor de schaduwrijke tuin. Maar ze krijgen opeens iets bijzonders in het gezelschap van bolgewassen!
In het vroege voorjaar is er in een donkere tuin behoorlijk veel licht omdat er nog geen blad aan de bomen zit, maar je moet er wel rekening mee houden dat later in het seizoen op bepaalde plekken weinig licht zal doordringen. Toch zijn er genoeg vaste planten die het op die plekken goed doen. *Aruncus dioicus* (geitenbaard, mooi blad, later crèmewitte bloemen) bijvoorbeeld heeft het er naar zijn zin in gezelschap van *Anemone vitifolia* 'Robustissima' (roze bloeiend in juli-augustus). Geschikte bollen voor deze plek zijn *Arum italicum* (groenblijvend, gemarmerd blad), *Fritillaria pallidiflora* (bleekgroene bloemen in april) en *Narcissus pseudonarcissus obvallaris* (geel, maart-april). Onder dezelfde omstandigheden gedijen ook *Primula elatior* (zwavelgeel, maart-april), *Pulmonaria augustifolia* (blauwe bloemen en gevlekt blad) en narcis 'Jenny' (crèmewit, maart-april).

Ruimte en doorkijkjes scheppen in een donkere stadstuin bereik je door combinaties van bodembedekkende planten en planten die hoog daarbovenuit schieten. Zoals *Viola odorata* 'Alba' (wit, maart) met het in de lente felgele siergras *Milium effusum* 'Aureum', dat bijna lichtgevend van kleur is; daartussen verspreide toeven van *Campanula latifolia* 'Alba' die in juni bloeit met ranke, helderwitte bloemen. *Galanthus elwesii* (het Turkse sneeuwklokje) brengt in februari al kleur in zo'n beplanting, gevolgd door *Anemone ranunculoides* (geel, maart) en narcis 'Thalia' (wit, mei).
Hele vroege bloei mag je ook verwachten van *Viola labradorica* (mooi paarsgroen blad en felblauwe bloemetjes in maart-april), die een ondergrond vormt voor de winterbloeier *Helleborus orientalis* (vanaf februari met witte, groenige of roze gespikkelde bloemen). Met groepjes *Puschkinia scilloides libanotica* (porseleinblauw, maart) wordt het iets om iedere dag van te genieten.
Even simpel is de combinatie van *Geranium macrorrhizum* 'Spessart' (vrijwel groenblijvend met witroze bloemen), *Aquilegia* 'Silver Queen' (wit) en enkele stuks *Hosta decorata decorata* (groen blad met een witte rand), aangevuld met *Chionodoxa luciliae* 'Blue Giant' (hemelsblauw, februari-maart) en narcis 'Petrel' (wit, april-mei).
Wat meer kleur (voornamelijk blauw) zit er in de volgende combinaties:

- *Aquilegia vulgaris* (diepblauw, april-mei), *Aconitum carmichaelii* 'Arendsii' (mooi blad, later in september-oktober diepblauwe bloemen) en *Anemone canadensis* (wit, mei-juni) met *Hyacinthoides hispanica* (blauw, april-mei) en *Lilium martagon* (paarsroze, juni).
- *Geranium magnificum* (diepblauw, mei-juni) en *Campanula latifolia* 'Alba' (wit, juni) met narcis 'February Silver' (wit met geel, maart-april) en *Allium nigrum* (wit, mei-juni).
- *Geranium sylvaticum* 'Mayflower' (lilablauw, april-mei) en *Geranium magnificum* (diepblauw, mei-juni) met *Camassia cusickii* (lichtblauw, mei) en narcis 'Hawera' (heldergeel, april-mei).

Eigenaars van donkere tuinen die altijd over de saaiheid ervan klagen, zouden eens een voorbeeld moeten nemen aan dit droombeeld: varens en massa's boshyacintjes, als in een sprookjesbos!

- *Hosta fortunei* 'Aurea' (felgeel bij het uitlopen van het blad), *Milium effusum* 'Aureum' (net zo felgeel) en *Pentaglottis sempervirens* (groenblijvend, blauwe bloemetjes in april-mei) met narcis 'Actaea' (wit, mei).
- *Lunaria annua* 'Alba' (witte judaspenning, april), *Digitalis lutea* (altijdgroene bladrozet, zachtgele bloemen in juni), en *Waldsteinia ternata* (groenblijvende bodembedekker met gele bloemen in maart-april) met *Anemone blanda* 'Blue Shades' (blauw, maart-april) en narcis 'Thalia' (wit, mei).

En dan tot slot nog een heel ongewone combinatie die je zeker eens moet proberen:

- *Tiarella cordifolia* 'Oakleaf' (mooi vroeg blad, crèmewitte bloemen) met *Geranium phaeum* (mooi blad, bruinrode bloemen) en *Heuchera micrantha* 'Rachel' (dieprood blad) met roze narcissen zoals 'Satin Pink' of 'Salomé'.

De landelijke tuin

Het schetsen van een uitgangssituatie voor een landelijke tuin, met een frame van bomen, heesters en vaste planten, is in zoverre lastig omdat juist in zo'n tuin alles te maken heeft met de plaatselijke omstandigheden. Op nattere gronden zullen er veel elzen, wilgen, populieren en kornoeljes te vinden zijn, terwijl op drogere grond eiken, krentenbomen, kardinaalsmuts en Gelderse roos de basis zullen vormen. Daarom geef ik hier alleen een selectie van bolgewassen die geschikt zijn voor landelijke tuinen in combinatie met vaste planten die in zo'n tuin passen en in combinatie met elkaar.

Het zal duidelijk zijn dat borders in een dergelijke tuin nauwelijks zullen voorkomen. Veel meer zal het gaan om bosranden, gras, grote velden met bodembedekkers die soms de functie van het gras overnemen waar een grote wijdsheid gewenst is en om sporadische vlekken met accentbeplanting langs een vijver of een waterloop. Wél kan onderscheid gemaakt worden tussen puur landschappelijke tuinen die slechts hier en daar een aanvulling krijgen met wat lelietjes-van-dalen, maarts viooltje en bekervaren, en iets meer gecultiveerde tuinen met een landschappelijk karakter waarin planten als *Epimedium*, *Tiarella* en *Rodgersia* passen.

In een tuin waar veel jong groen blad afgewisseld wordt met grote groepen bosanemoontjes, próef je de frisheid van een nieuwe lente.

De tuin met een landschappelijk karakter

Vooral op droge gronden is *Prunella vulgaris* (bijenkorfje) een goede bodembedekker die zich overvloedig uitzaait. Deze oorspronkelijke soort bloeit het langst, van mei tot september, maar menging met een aantal cultuurvariëteiten zoals 'Alba' (wit), 'Carminea' (roze) en 'Loveliness' (zachtblauw) maakt dat zo'n veld er van juni tot augustus veel aantrekkelijker uitziet. Als accent passen *Dipsacus sativus* (kaardebol, een tweejarige die in juli-augustus bloeit en zich overal zal uitzaaien) en *Verbascum nigrum* (zwarte toorts, geel, juni-augustus) hier goed tussen. Bijpassende bollen zijn *Crocus tommasinianus* 'Barr's Purple' (lila, fijntjes, maart) en *Ornithogalum magnum* (wit, mei-juni). Deze beide bolgewassen zijn eveneens uitstekend te gebruiken in grasvelden: de *Crocus* als zeeën van lila wanneer het gras in maart nog redelijk kort is, *Ornithogalum* in al wat hoger wordend gras en aangevuld met *Ornithogalum narbonense* die in juni met aarvormige witte bloemen bloeit.

Op gronden die wat meer vocht vasthouden is de keus veel groter. Grasvelden krijgen daar een kleurrijk aanzien door er verschillende na elkaar bloeiende bolletjes in te planten: *Scilla bifolia* (blauw, maart), *Anemone blanda* 'Blue Shades' (blauw) en *Anemone blanda* 'White Splendour' (wit, beide in maart-april), *Narcissus pseudonarcissus obvallaris* (geel, maart-april), *Fritillaria meleagris* (paars) en *Fritillaria meleagris* 'Alba' (wit, beide in april-mei), *Ornithogalum nutans* (knikkende vogelmelk, wit met groen, april-mei), *Ornithogalum umbellatum* (wit met groen, mei), *Narcissus poeticus recurvus* (wit, mei) en alle *Camassia*-soorten (blauw en wit, mei).

Vaste planten die in dezelfde periode of iets later bloeien en die ook goed passen in een grasveld dat wat kleur mag hebben, zijn *Primula elatior* en *P. vulgaris* (slanke en gewone sleutelbloem, zachtgeel, maart-april), *Cardamine pratensis* (pinksterbloem, roze, april), *Geranium pratense* (beemdooievaarsbek, zachtblauw, mei-juni), *Salvia pratensis* (veldsalie, lilablauw, mei-juni), *Leucanthemum vulgare* (margriet, wit, mei-juni) en *Campanula rapunculoides* (akkerklokje, blauwpaars, juni). Het bijzondere is dat al deze

Eind maart levert dit soort plaatjes op: het mooie brede blad van *Galanthus elwesii*, de appelgroene bloemen van *Helleborus orientalis* en de witte kelkjes van *Anemone blanda* 'White Splendour'.

vaste planten bestand zijn tegen eenmaal per jaar maaien. Het moment dat de bollen voldoende afgestorven zijn, tussen half en eind juli, is daarvoor de beste periode. Voor najaarsbloei kan er *Colchicum* tussen geplant worden: alle soorten houden van zo'n warme, open, enigszins vochtige plek.

Op plekken met meer schaduw is een hoofdrol weggelegd voor bodembedekkers. Gewaagd is de combinatie van *Epimedium youngianum* 'Niveum' (elfenbloem, prachtig blad en witte bloemetjes in april) met *Corydalis solida* (roze, april) en *Erythronium* 'Pagoda' (hondstand, geel, april). Eenvoudig die van *Omphalodes verna* (blauwe onschuld, mooi blad en blauwe bloemetjes in april) en *Helleborus orientalis* met *Anemone nemorosa* (wit, april). Adembenemend de combinatie van *Galium odoratum* (wit, april), *Tiarella cordifolia* (mooi blad, crèmewitte bloemen) en *Lunaria annua* 'Alba' (witte judaspenning, april) met *Anemone nemorosa* 'Robinsoniana' (zachtblauw, april-mei) en *Camassia leichtlinii* 'Caerulea' (hemelsblauw, mei).

En gewoon mooi zijn de hierna genoemde voorbeelden:

- *Ajuga reptans* (mooi blad, diepblauwe bloemen in mei), *Galium odoratum* (wit, april) en *Polystichum setiferum* (naaldvaren, wintergroen blad) met *Anemone nemorosa* (wit, april-mei), *Leucojum aestivum* 'Graveteye Giant' (wit, mei) en narcis 'Actaea' (wit, mei).
- *Epimedium versicolor* 'Sulphureum' (mooi blad, gele bloemetjes in april) met narcis 'Hawera' (geel, april-mei) en *Fritillaria camschatcensis* (diep bruinpaars, april-mei).
- *Glechoma hederacea* (hondsdraf, mooi blad en donkerpaarse bloemetjes), *Symphytum grandiflorum* 'Wisley Blue' (lage smeerwortel met hemelsblauwe bloemen in april-mei), *Ranunculus aconitifolius* (witte boterbloem, mei) en *Rodgersia aesculifolia* (schitterend blad, witroze bloemen in juni) met *Puschkinia scilloides libanotica* (lichtblauw, maart), *Hyacinthoides non-scripta* (blauw, mei) en narcis 'Thalia' (wit, april-mei).
- *Lamiastrum galeobdolon* 'Florentinum' (gevlekte dovenetel, mooi blad, gele bloemen in mei-juni) met *Smilacina racemosa* (valse salomonszegel, prachtig blad en crèmewitte bloempluimen in april) en *Matteuccia struthiopteris* (bekervaren, imponerend blad) met *Allium paradoxum* (wit, maart) en narcis 'February Silver' (geel met wit, maart-april).

Wanneer in zo'n tuin een waterloop, een vijver of moerassige plekken voorkomen, kunnen ook die geaccentueerd worden met een opvallende combinatie van vaste planten en bollen. Bijvoorbeeld: *Rodgersia aesculifolia* met *Camassia leichtlinii* 'Alba' (mei, wit) of *Symphytum azureum* (hemelsblauw, mei), met narcissen 'Jenny' (crèmewit, maart-april) en *Leucojum aestivum* 'Graveteye Giant' (wit, april-mei).

De puur landschappelijke tuin

In een tuin die zoveel mogelijk aansluit op de landschappelijke omgeving zijn eigenlijk alleen bosranden en beschaduwde plekken met bodembedekkers geschikt voor verrijking met vaste planten en bollen. Een weitje met *Narcissus poeticus recurvus* zou nog net kunnen, maar meerdere soorten bollen in zo'n grasland zouden het geheel al snel te kunstmatig maken. Maar in bosranden met hondsdraf, lelietjes-van-dalen, salomonszegel en vingerhoedskruid vormen bosanemoontjes, vogelmelk en daslook in de eerste maanden van het jaar een welkome aanvulling.

Alle hierna te noemen soorten, zowel de vaste planten als de bolgewassen, zijn door hun pretentieloosheid op iedere plek in een landschappelijke tuin door en naast elkaar te gebruiken. Maar omdat het voor degene die voor de eerste keer met bollen gaat experimenteren zo heerlijk is om een beetje houvast te hebben, kan ik het toch niet laten om drie favoriete combinaties als voorbeeld te geven:

- *Convallaria majalis* (lelietje-van-dalen, crèmewit, mei-juni) met *Viola odorata* (maarts viooltje, paars, maart) en *Polygonatum multiflorum* (salomonszegel, crèmewit, mei-juni) met *Galanthus nivalis* (sneeuwklokje, wit, februari), *Ornithogalum nutans* (knikkende vogelmelk, groenwit, april-mei) en *Hyacinthoides hispanica* (blauw, mei).
- *Dryopteris filix-mas* (mannetjesvaren, nieuw mooi blad vanaf maart) en *Digitalis purpurea* in gemengde kleuren (vingerhoedskruid, mei-juni) met *Allium ursinum* (daslook, wit, mei).

- *Glechoma hederacea* (hondsdraf) en *Primula elatior* (slanke sleutelbloem, zachtgeel, maart-april) met *Arum italicum* (prachtig blad en groenwitte bloemen in mei) en *Narcissus pseudonarcissus obvallaris* (geel, maart).

Pretentieloze bolgewassen en vaste planten die met elkaar gecombineerd kunnen worden in de landschappelijke tuin:

Bollen
Allium ursinum (daslook)
Anemone nemorosa (bosanemoon)
Arum italicum (aronskelk)
Corydalis solida (holwortel)
Hyacinthoides hispanica (Spaanse boshyacint)
Hyacinthoides non-scripta (bluebell)
Leucojum aestivum (zomerklokje)
Narcissus poeticus recurvus (fazantenoog-narcis)
Narcissus pseudonarcissus obvallaris (narcis)
Ornithogalum nutans (knikkende vogelmelk)
Ornithogalum umbellatum (ster van Bethlehem)

Vaste planten
Athyrium filix-femina (wijfjesvaren)
Convallaria majalis (lelietje-van-dalen)
Digitalis purpurea (vingerhoedskruid)
Dryopteris filix-mas (mannetjesvaren)
Glechoma hederacea (hondsdraf)
Matteuccia struthiopteris (bekervaren)
Polygonatum multiflorum (salomonszegel)
Primula elatior (slanke sleutelbloem)
Primula vulgaris (gewone sleutelbloem)
Viola odorata (maarts viooltje)

November

Beeldschoon

Het verhaal rondom het ontstaan van de naam "narcis" is bij de meesten waarschijnlijk bekend, maar voor degenen die de precieze toedracht niet meer weten volgt hier nog eens die prachtige anekdote.

Narcissus was, volgens mythologische overlevering, een beeldschone jongeling die ongevoelig was voor de liefde van vrouwen. Hij zou zijn hele leven lang mooi en jeugdig blijven, tenzij hij zijn eigen gezicht zou zien want in dat geval zou hij sterven.
De nimf Echo werd verliefd op hem, maar hij wees haar liefde af waardoor zij verteerde van verdriet en in het vervolg nauwelijks meer kon spreken; zij kon alleen nog maar de laatste lettergrepen herhalen van wat tot haar gezegd werd. Haar vriendinnen zonnen op wraak en vroegen de godin Nemesis om Narcissus te straffen. Zij zorgde ervoor dat hij zich na een jachtpartij wilde verfrissen in het kristalheldere water van een bron. Daarbij zag hij echter zijn eigen gezicht, werd verliefd op zichzelf en kwijnde langzaam weg.
Toen men uiteindelijk zijn lichaam wilde ophalen, was dat verdwenen, maar in plaats daarvan stond aan de rand van de bron een beeldschone bloem te bloeien: de narcis.

De favoriete combinaties van Jacqueline van der Kloet
Euphorbia polychroma en
Hakonechloa macra 'Aureola' en
Hosta plantaginea 'Grandiflora' met
Narcissus 'Pipit' en
Tulipa 'West Point' en
Tulipa whittallii

Brunnera macrophylla en
Geranium magnificum en
Hosta fortunei 'Aureomaculata' met
Camassia leichtlinii 'Caerulea' en
Tulipa 'Spring Green'

Geranium renardii en
Lavandula angustifolia 'Hidcote' en
Stachys byzantina 'Silver Carpet' met
Allium roseum en
Allium schubertii en
Crocus chrysanthus 'Eye-catcher' en
Gladiolus communis byzantinus en
Lilium regale

Campanula lactiflora en
Hydrangea arborescens 'Annabelle' met
Lilium martagon

Op reis door Luilekkerland

Omdat de meeste tuinen in onze contreien stadstuinen zijn en geen kolossale afmetingen hebben, lijkt het zinnig om nog één keer de allermooiste combinaties voor dit soort tuinen op een rijtje te zetten, te beginnen met combinaties voor zonnige plekken en gevolgd door die voor plekken in de schaduw. Naast bij elkaar passende kleuren (van bloem én blad) is in de combinaties ook rekening gehouden met bloemvorm en bladstructuur.

Op zonnige plekken

Heesters en bollen

- *Acer palmatum* 'Atropurpureum', tulp 'China Pink' en *Fritillaria persica* 'Adiyaman'.
- *Artemisia abrotanum*, *Hemerocallis* 'Black Prince', tulp 'Esperanto' en tulp 'Red Shine'.
- *Cornus alba* 'Kesselringii' en tulp 'Prinses Irene'.
- *Cotinus coggygria* 'Royal Purple', tulp 'Angélique' en *Eremurus himalaicus*.
- *Cotinus coggygria* 'Royal Purple', *Phlox paniculata* 'Düsterlohe', *Artemisia* 'Powis Castle' en tulp 'Hummingbird'.
- *Cotinus coggygria* 'Royal Purple', *Artemisia absinthium* 'Lambrook Silver', tulp 'Ballerina' en *Allium sphaerocephalon*.
- *Philadelphus coronarius* 'Aureus' met narcis 'February Gold' en met tulp 'Prinses Irene' of met narcis 'Actaea'.

Vaste planten en bollen

- *Acaena magellanica* en *Salvia officinalis* 'Berggarten' met *Crocus chrysanthus* 'Cream Beauty' en *Allium flavum*.
- *Acaena magellanica* met *Iris reticulata* 'Cantab' en *Allium unifolium*.
- *Aegopodium podagraria* 'Variegata' en *Tulipa clusiana* 'Cynthia'.
- *Alchemilla mollis* en *Euphorbia polychroma* met hyacint 'Gipsy Queen', *Tulipa whittallii* en tulp 'West Point'.
- *Alchemilla mollis* en *Geranium renardii* 'Philippe Vapelle' met *Camassia esculenta* en tulp 'Spring Green'.
- *Anemone pulsatilla* en *Lavandula intermedia* 'Grappenhall' met *Geranium tuberosum* en tulp 'Recreado'.
- *Artemisia* 'Powis Castle' en *Astrantia* 'Claret' met tulp 'Burgundy' en *Allium sphaerocephalon*.
- *Artemisia ludoviciana* 'Silver Queen' en *Origanum* 'Herrenhausen' met *Allium unifolium* en *Allium sphaerocephalon*.
- *Artemisia pontica*, *Milium effusum* 'Aureum' en *Cephalaria gigantea* met tulp 'White Triumphator' en *Tulipa batalinii* 'Bright Gem'.
- *Aster divaricatus* met hyacint 'Gipsy Queen' en tulp 'Artist'.
- *Astrantia maxima* met *Nepeta sibirica* 'Souvenir d'André Chaudron', narcis 'Bell Song' en *Allium aflatunense*.
- *Aubrieta* 'Bressingham Red' met *Festuca glauca* en *Muscari armeniacum*.
- *Aubrieta* 'Hamburger Stadtpark' en *Lavandula angustifolia* 'Hidcote' met *Anemone coronaria* 'Lord Lieutenant' en *Muscari latifolium*.
- *Aurinia saxatilis* met *Iris bucharica* en tulp 'Hummingbird'.
- *Calamintha nepeta* met *Dichelostemma congestum*.
- *Campanula portenschlagiana* met *Tulipa turkestanica* en *Tulipa tarda*.
- *Campanula poscharskyana* 'Stella' en *Euphorbia polychroma* met tulp 'White Triumphator' en *Allium nigrum*.
- *Centranthus ruber* en *Erigeron* 'Canneman' met tulp 'Carnaval de Nice', tulp 'Couleur Cardinal' en *Allium* 'Purple Sensation'.

Foto blz. 77: Meer dan opvallend is de donkerpaarse parkiettulp 'Black Parrot' tegen een goudgele achtergrond. In dit geval is dat een siergras: *Carex stricta* 'Bowles' Golden Sedge'.

Rechts: Dat er ook bij regenachtig weer altijd een lichtpuntje gloort, bewijst dit plaatje: een combinatie van tulpen 'Red Shine' met het glanzende blad van *Hemerocallis* (daglelie).

- *Cerastium biebersteinii* met *Muscari botryoides* 'Album' en *Tulipa tarda*.
- *Cerastium tomentosum* en *Euphorbia dulcis* 'Chamaeleon' met *Fritillaria persica* 'Adiyaman' en *Colchicum autumnale* 'Album'.
- *Euphorbia cyparissias* en *Geranium magnificum* met narcis 'Quince' en *Allium nigrum*.
- *Euphorbia polychroma* en *Smyrnium perfoliatum* met tulp 'Spring Green'.
- *Euphorbia cyparissias* 'Clarence Howard' met tulp 'Show Winner' en *Anemone coronaria* 'Hollandia'.
- *Geranium cinereum* 'Splendens' en *Saponaria ocymoides* met *Ipheion uniflorum* 'Wisley Blue' en *Tulipa bakeri* 'Lilac Wonder'.
- *Geranium endressii* 'Wargrave Pink' en *Salvia nemorosa* 'Ostfriesland' met *Allium roseum*, *Gladiolus communis byzantinus* en *Lilium regale*.
- *Geranium psilostemon* en *Artemisia ludoviciana* 'Valerie Finnis' met *Allium cernuum* en *Lilium regale*.
- *Hemerocallis* 'Hyperion' met tulp 'Spring Green'.
- *Hosta plantaginea* 'Grandiflora' en *Hakonechloa macra* 'Aureola' met tulp 'Purissima' en *Anemone coronaria* 'Bride'.
- *Lavandula angustifolia* 'Rosea' met tulp 'Queen of Night' en *Ixiolirion tataricum*.
- *Lavandula stoechas* 'Papillon', *Salvia officinalis* 'Purpurea' en *Euphorbia characias wulfenii* met *Fritillaria persica* 'Adiyaman'.
- *Lotus corniculatus* 'Plenus' met tulp 'Prinses Irene', *Fritillaria imperialis* 'Lutea' en *Fritillaria imperialis* 'Rubra'.
- *Lysimachia ciliata* en *Euphorbia griffithii* 'Fire Glow' met *Eremurus bungei* en *Lilium testaceum*.
- *Lysimachia ciliata* 'Firecracker' en *Deschampsia cespitosa* 'Goldschleier' met tulp 'Queen of Night' en *Eremurus* 'Pinocchio'.
- *Nepeta faassenii* 'Six Hills Giant' en tulp 'Angélique'.
- *Prunella grandiflora* 'Alba', *Prunella grandiflora* 'Carminea' en *Prunella grandiflora* 'Loveliness' met *Crocus tommasinianus* 'Barr's Purple' en *Ornithogalum magnum*.
- *Pulsatilla vulgaris* 'Röde Klokke' en *Sedum* 'Matrona' met tulp 'Estella Rijnveld'.

Klein maar brutaal aanwezig is *Tulipa whittallii*, een helder oranje kommetje tussen bladplanten zoals *Ranunculus psilostachys*, *Helleborus* en *Lysimachia ciliata* 'Firecracker'.

- *Ranunculus psilostachys* en *Euphorbia polychroma* met narcis 'Rip van Winkle'.
- *Salvia officinalis* 'Berggarten' en *Anthriscus sylvestris* 'Raven's Wing' met tulp 'Black Parrot'.
- *Salvia verticillata* 'Purple Rain' en *Origanum* 'Rosenkuppel' met tulp 'Peach Blossom' en *Allium sphaerocephalon*.
- *Salvia verticillata* 'Purple Rain' en *Artemisia* 'Powis Castle' met tulp 'Maureen' en *Allium roseum*.
- *Sedum* 'Immergrünchen' met *Crocus* 'Zwanenburg Bronze', *Tulipa batalinii* 'Bright Gem' en *Allium moly*.
- *Stachys byzantina* 'Silver Carpet' met hyacint 'Distinction' en tulp 'Black Parrot'.
- *Thymus serpyllum* en *Hakonechloa macra* 'Aureola' met *Ipheion uniflorum* 'Wisley Blue' en *Iris bucharica*.
- *Viola cornuta* 'Primrose Dame' en *Stipa tenuissima* met *Crocus chrysanthus* 'Gipsy Girl' en narcis 'Sundial'.
- *Viola cornuta* 'Boughton Blue' en *Euphorbia dulcis* 'Chamaeleon' met *Muscari armeniacum* 'Saffier' en tulp 'Hummingbird'.

Op beschaduwde plekken

Heesters en bollen

- *Cornus alba* 'Argenteovariegata', *Vinca minor* en *Symphytum uplandicum* met *Hyacinthoides non-scripta*.
- *Hedera helix* 'Arborescens' met narcis 'February Silver' en *Camassia leichtlinii* 'Alba'.
- *Hydrangea arborescens* 'Annabelle' met *Lilium martagon*.
- *Hydrangea macrophylla* 'White Wave', *Tiarella cordifolia* 'Oakleaf' en *Heuchera micrantha* 'Palace Purple' met *Nectaroscordum siculum*.
- *Hydrangea serrata* 'Bluebird' met *Brunnera macrophylla* en narcis 'Petrel'.
- *Sambucus nigra* 'Guincho Purple', *Tellima grandiflora* en *Geranium phaeum* met narcis 'Satin Pink'.
- *Sorbaria sorbifolia*, *Pulmonaria angustifolia* en *Primula elatior* met narcis 'Jack Snipe' en *Camassia cusickii*.

Vaste planten en bollen

- *Aegopodium podagraria* 'Variegata' met *Scilla siberica*, narcis 'February Silver' en *Fritillaria pallidiflora*.
- *Ajuga reptans* en *Galium odoratum* met *Leucojum aestivum* 'Graveteye Giant' en narcis 'Actaea'.

Vaak wordt te gemakkelijk vergeten hoe vrolijk een tuin er kan uitzien wanneer de bollen (en de vaste planten!) weloverwogen op elkaar afgestemd zijn. Zo'n combinatie van de tulpen 'Carnaval de Nice' en 'Couleur Cardinal' met de nog in knop staande *Centranthus ruber* maakt je hele dag goed!

- *Anemone japonica* 'Honorine Jobert' en *Thalictrum rochebrunianum* met *Allium triquetrum* en *Nectaroscordum siculum*.
- *Aruncus dioicus* en *Glechoma hederacea* met *Arum italicum* en *Narcissus pseudonarcissus obvallaris*.
- *Astilbe* 'Sprite' met *Hyacinthoides hispanica* (gemengde kleuren).
- *Brunnera macrophylla* en *Hosta decorata decorata* met *Scilla siberica* en narcis 'Thalia'.
- *Convallaria majalis* en *Viola odorata* met *Galanthus nivalis* en *Ornithogalum nutans*.
- *Dryopteris filix-mas* met *Allium ursinum*.
- *Epimedium versicolor* 'Sulphureum' met narcis 'Hawera' en *Fritillaria camschatcensis*.
- *Epimedium youngianum* 'Niveum' met *Corydalis solida* en *Erythronium* 'Pagoda'.
- *Epimedium youngianum* 'Niveum' met narcis 'Quail' en *Fritillaria meleagris* 'Alba'.
- *Galium odoratum* en *Tiarella cordifolia* met *Anemone nemorosa* 'Robinsoniana' en *Camassia esculenta*.
- *Geranium cantabrigiense* 'Cambridge' met *Chionodoxa luciliae* 'Pink Giant' en *Anemone blanda* 'Charmer'.
- *Geranium* 'Johnson's Blue' met *Scilla mischtschenkoana* en *Ornithogalum umbellatum*.
- *Geranium macrorrhizum* en *Pulmonaria saccharata* 'Cambridge Blue' met *Anemone blanda* 'Blue Shades' en *Hyacinthoides hispanica*.
- *Geranium macrorrhizum* 'Spessart' en *Aquilegia* 'Silver Queen' met *Chionodoxa luciliae* 'Blue Giant' en narcis 'Petrel'.
- *Geranium magnificum* en *Euphorbia cyparissias* met narcis 'February Silver' en *Allium nigrum*.
- *Geranium sylvaticum* 'Mayflower' en *Geranium magnificum* met narcis 'Hawera' en *Camassia cusickii*.
- *Glechoma hederacea* en *Symphytum grandiflorum* met *Puschkinia scilloides libanotica* en *Hyacinthoides non-scripta*.

- *Helleborus foetidus* met *Galanthus nivalis* en narcis 'Ice Follies'.
- *Hosta fortunei* 'Aurea' met *Scilla siberica* 'Spring Beauty' en narcis 'Actaea'.
- *Hosta undulata* 'Albomarginata' en *Primula elatior* met narcis 'Jack Snipe'.
- *Houttuynia cordata* met *Allium ursinum* en *Nectaroscordum siculum*.
- *Lamiastrum galeobdolon* 'Florentinum' en *Matteuccia struthiopteris* met *Allium paradoxum* en narcis 'February Silver'.
- *Omphalodes verna* en *Helleborus foetidus* met *Anemone nemorosa* 'Robinsoniana'.
- *Pachysandra terminalis* met *Chionodoxa luciliae* 'Blue Giant' en *Narcissus poeticus recurvus*.
- *Primula veris* en *Galium tinctoria* met narcis 'Louise de Coligny'.
- *Ranunculus ficaria* en *Doronicum plantagineum* 'Excelsum' met *Anemone blanda* 'Blue Shades'.
- *Symphytum grandiflorum* met *Narcissus odorus* 'Plenus'.
- *Tiarella cordifolia* en *Tiarella wherryi* met narcis 'Tête à Tête' en *Brimeura amethystina*.
- *Vinca minor* 'Bowles Variety' met *Scilla litardierei*, narcis 'Topolino' en *Camassia esculenta*.
- *Vinca minor* 'Gertrude Jekyll' met *Galanthus nivalis* 'Flore Pleno' en *Brimeura amethystina*.
- *Viola labradorica* en *Helleborus orientalis* met *Puschkinia scilloides libanotica* en *Narcissus poeticus recurvus*.
- *Viola odorata* en *Milium effusum* 'Aureum' met *Galanthus elwesii* en narcis 'Thalia'.
- *Waldsteinia ternata* en *Lunaria annua* 'Alba' met *Eranthis hyemalis* en *Anemone blanda* 'White Splendour'.

December

Tuinen met veel bollen

Door tuinen te bezoeken waarin bollen verwerkt zijn of waarin bollen als soort getoond worden, krijg je het best een idee van wat je er in je eigen tuin mee kunt of wilt doen. Daarom nu vast een lijstje van tuinen waar je kunt gaan kijken.

Keukenhof
Stationsweg 166A, Lisse
tel. 0252-465555
Van eind maart tot eind mei.

Showtuin 'Hein Schrama'
Herenweg 21, Heemstede
Een "proefveld" met vele soorten tulpen, narcissen, bijgoed én zomerbollen. Van maart tot oktober.

De Buitenhof
Westelijke Randweg, Lisse
tel. 0252-434777
Keurtuin van siergewassen, waaronder ook bollen.

Narcissentuin van Karel van der Veek
Belkmerweg 27, Burgerbrug
tel. 0226-381399

De Theetuin
Ossenmarkt 34, Weesp
tel. 0294-418638
Van april tot oktober, alleen op vrijdag en zaterdag.

De Keltenhof
Wijksestraat 25, Bergharen
tel. 0487-532176
Alleen op donderdag, vrijdag en zaterdag.

Tuinen van Ton ter Linden
Achterma 20, Ruinen
tel. 0522-472655
Van eind april tot eind september, van dinsdag tot en met zondag.

Privétuin Piet Oudolf
Broekstraat 17, Hummelo
tel. 0314-381120
Open in juni en augustus van dinsdag tot en met zaterdag.

Wie lid wordt van de Nederlandse Tuinenstichting (tel. 020-6235058) krijgt ieder jaar in maart het Open Tuinenboekje, waarin zo'n 200 te bezoeken privétuinen opgenomen zijn, waaronder ook een aantal bollentuinen.

Overzicht van de bolgewassen

Het hierna volgende overzicht pretendeert niet volledig te zijn, maar is een persoonlijke keuze. Het betreft met name de in het voorjaar en in de (voor)zomer bloeiende bollen (en knollen) die in ons land winterhard en goed verkrijgbaar zijn. Daarnaast is ernaar gekeken of ze op een natuurlijke manier toepasbaar zijn in combinatie met buurplanten, zoals die met name in het vorige hoofdstuk zijn genoemd.
Aan het eind van het overzicht wordt een aantal najaarsbloeiende soorten besproken. Deze zijn eveneens winterhard en daardoor goed te gebruiken in de natuurlijke tuin. Helaas zijn ze weinig bekend en dat is een goede reden om ze eens extra in het zonnetje te zetten.
Het overzicht is opgesteld in chronologische volgorde (naar tijdstip van bloei).

Voorjaars- en (voor)zomerbloeiers

Eranthis – Winterakoniet

Vroeger heilig kerstcruyt genoemd. Oorspronkelijk groeigebied: vochtige bossen van Centraal- en Zuid-Europa tot aan Irak. Standplaats in de tuin: op vochtige, voedselrijke en goed doorlatende grond, in gedeeltelijke of volledige schaduw.

- E. *hyemalis*. Geel, hoogte 5 cm, bloeitijd januari-februari. De vroege bloeitijd is aanleiding voor de volgende uitdrukking: "*Eranthis hyemalis* bloeit als de grond nog kaal is." Bijzonderheden: bolletjes voorweken. Onder gunstige omstandigheden zaait deze soort zich goed uit.

Chionodoxa – Sneeuwroem

Oorspronkelijk groeigebied: gebergten in Turkije. Standplaats in de tuin: elke goed doorlatende grond, zowel zon als schaduw. Bijzonderheden: zaait zich sterk uit.

- C. *luciliae*. Blauw met een wit hart, hoogte 10-15 cm, bloeitijd februari-maart.
  – C. *luciliae* 'Alba'. Wit, hoogte 10-15 cm, bloeitijd februari-maart.
  – C. *luciliae* 'Pink Giant'. Roze, hoogte 20-25 cm, bloeitijd februari-maart.
  – C. *luciliae* 'Blue Giant'. Hemelsblauw, hoogte 20-25 cm, bloeitijd februari-maart.
- C. *sardensis*. Gentiaanblauw, hoogte 10-15 cm, bloeitijd februari-maart.

Crocus – Krokus

Het geslacht *Crocus* bestaat uit een groot aantal soorten, waarvan hier een aantal voorjaarsbloeiers beschreven staat. Zie voor de najaarsbloeiers op blz. 122. Voor alle krokussen geldt dat ze gevoelig zijn voor uitdrogen en dus direct na ontvangst geplant moeten worden of tijdelijk bewaard in bakken met zand of turfmolm. Op het moment van bloeien zijn krokussen gevoelig voor licht en daarom gaan de bloemen ook alleen maar open als de zon schijnt.

Kleinbloemige krokussen

- C. *chrysanthus*. Oorspronkelijk groeigebieden: Bulgarije, Griekenland, Turkije. Standplaats in de tuin: elke goed doorlatende grond, zon.
  – C. *chrysanthus* 'Blue Pearl'. Lichtblauw met een goudgeel hart, hoogte 10-15 cm, bloeitijd februari-maart.
  – C. *chrysanthus* 'Cream Beauty'. Roomgeel, hoogte 10-15 cm, bloeitijd februari-maart.
  – C. *chrysanthus* 'Eye-catcher'. Wit met paars, hoogte 10-15 cm, bloeitijd februari-maart.
  – C. *chrysanthus* 'Gipsy Girl'. Zachtgeel met brons, hoogte 15 cm, bloeitijd februari-maart.

Foto blz. 86: Verbazingwekkend eenvoudig én intrigerend: groepen *Chionodoxa*, een vroege voorjaarsbloeier die zich overvloedig uitzaait, afgewisseld door het opkomend blad van *Hosta sieboldiana* 'Elegans'.
Foto blz. 87: Zo zien krokussen er heel wat leuker uit dan zomaar in de kale grond. En anderzijds hebben ook de bonte dovenetel (*Lamium maculatum*) en het speenkruid profijt van zo'n vroeg kleurtje.

- C. *chrysanthus* 'Goldilocks'. Geel, hoogte 15 cm, bloeitijd februari-maart.
- C. *chrysanthus* 'Prinses Beatrix'. Blauw, hoogte 15 cm, bloeitijd februari-maart.

Botanische krokussen

Oorspronkelijk groeigebieden: Zuid- en Zuidoost-Europa tot in Turkije. Standplaats in de tuin: goed doorlatende grond, zon.

- C. *ancyrensis* 'Golden Bunch'. Oranjegeel, hoogte 15 cm, bloeitijd februari-maart.
- C. *sieberi* 'Firefly'. Violet, hoogte 12 cm, bloeitijd februari-maart.
- C. *tommasinianus* 'Ruby Giant'. Dieppaars, hoogte 15 cm, bloeitijd februari-maart.
- C. *tommasinianus* 'Whitewell Purple'. Dieppaars, hoogte 15 cm, bloeitijd februari-maart.

Grootbloemige krokussen

- C. *vernus*. Oorspronkelijk groeigebied: Zwitserse en Italiaanse Alpen. Standplaats in de tuin: elke goed doorlatende grond, zon.
- C. *vernus* 'Flower Record'. Paarsblauw, hoogte 15 cm, bloeitijd februari-maart.
- C. *vernus* 'Jeanne d'Arc'. Wit, hoogte 15 cm, bloeitijd februari-maart.
- C. *vernus* 'Pickwick'. Grijs met lila gestreept, hoogte 12-15 cm, bloeitijd februari-maart.
- C. *vernus* 'Vanguard'. Violetblauw, hoogte 15 cm, bloeitijd februari-maart.

Galanthus – Sneeuwklokje

Oorspronkelijk groeigebieden: bosachtige streken in Zuid-Europa en Turkije. Standplaats in de tuin: op vochtige, liefst voedselrijke en goed doorlaatbare grond in gedeeltelijke of volledige schaduw. Hoogte variërend van 10 tot 15 cm, afhankelijk van de soort; bloeitijd januari-februari. Bijzonderheden: vroeg planten (eind september-begin oktober).

Wanneer tijdens het planten direct wat compost wordt toegevoegd, zijn de sneeuwklokjes daar zo dankbaar voor dat ze het jaar daarop meteen al goed zullen bloeien. Het beste tijdstip van verplanten is tijdens of direct na de bloei.

Alle sneeuwklokjes prefereren een plek in de schaduw omdat hun blad het zonlicht slecht verdraagt. En juist dat blad moet ervoor zorgen dat de bolletjes gezond en gesterkt een nieuwe groeiperiode ingaan.

- G. *nivalis*. Wit, hoogte 10 -12 cm, bloeitijd februari.
- G. *nivalis* 'Flore Pleno' (dubbelbloemig sneeuwklokje). Wit, hoogte 10-12 cm, bloeitijd februari.
- G. *elwesii* (Turks sneeuwklokje). Wit, hoogte 12-22 cm, bloeitijd drie weken eerder dan de voorgaande soort; extra breed blad.

Iris – Iris, lis

De naam Iris betekent regenboog en is ofwel een verwijzing naar de uiteenlopende kleuren en de schoonheid van de bloemen, of naar de buitenste bloemdekslippen, die gebogen zijn als een regenboog. Oorspronkelijk groeigebied: van de Kaukasus tot Centraal-Azië. Standplaats in de tuin: op kalkrijke, doorlatende grond in de volle zon. Bloeitijd vanaf februari. Bijzonderheden: bijna alle soorten zijn geschikt voor in de rotstuin.

- I. *bucharica*. Crèmewit met gele kelkslippen, hoogte 40 cm, bloeitijd april. Een van de gemakkelijkste soorten.
- I. *danfordiae*. Heldergeel, hoogte 15 cm, bloeitijd maart.
- I. *reticulata*. Uit de oorspronkelijke soort zijn in de loop der tijden vele cultuurvormen ontstaan; de meest bekende zijn:
- I. *reticulata* 'Cantab'. Zachtblauw, hoogte 15 cm, bloeitijd februari-maart.
- I. *reticulata* 'Harmony'. Paarsblauw, hoogte 15 cm, bloeitijd februari-maart.

Scilla – Sterhyacint

Oorspronkelijk groeigebied: van de Kaukasus tot het noordwesten van Iran. Standplaats in de tuin: eigenlijk op alle niet te arme en niet te droge gronden, zowel in de zon als in de (gedeeltelijke) schaduw. Kleur: van licht- tot donkerblauw, afhankelijk van de soort. Hoogte 10-15 cm. Bloeitijd februari-maart. Bijzonderheden: alle genoemde soorten zijn geschikt voor verwildering en kun-

In vochtige bosranden met speenkruid en voorjaarszonnebloem zorgen de hemelsblauwe bloemen van *Anemone blanda* 'Blue Shades' voor een extra vrolijk voorjaarsaccent.

nen in dat geval het best geplant worden op open plekken in de tuin, onder bomen en struiken.

- S. *bifolia* (vroege sterhyacint). Blauwviolet, hoogte 10 cm, bloeitijd maart.
- – S. *bifolia* 'Rosea'. De helderroze variant.
- S. *litardierei*. Hemelsblauw, hoogte 15 cm, bloeitijd mei.
- S. *mischtschenkoana*. Porseleinblauw met wit, hoogte 10 cm, bloeitijd februari-maart.
- S. *siberica* (oosterse sterhyacint). Diepblauw, hoogte 10 cm, bloeitijd maart.
- – S. *siberica* 'Spring Beauty'. Een meer uit de kluiten gewassen variant, hoogte 15 cm, bloeitijd maart.

Anemone – Anemoon

Ook wel windbloem genoemd, omdat de bloemen met het minste zuchtje wind al bewegen. Oorspronkelijk groeigebied: van Zuidoost-Europa tot Centraal-Azië. Standplaats in de tuin: afhankelijk van de soort. Bloeitijd maart-mei. Bijzonderheden: *Anemone blanda* en *Anemone coronaria* moeten voor het planten geweekt worden in water. De bolletjes zijn klein en hard, maar zwellen in de grond op tot meer dan twee keer zo groot. Daarom is het niet ondenkbaar dat de bollen bij te ondiep planten gedeeltelijk boven de grond komen te liggen.

- A. *blanda*. Standplaats in de tuin: iedere redelijk goede, enigszins vochtige grond, in zon en schaduw. De oorspronkelijke kleur van de soort is donkerblauw, maar tegenwoordig zijn er ook anders gekleurde variëteiten.
- – A. *blanda* 'Blue Shades'. Verschillende tinten blauw, hoogte 10-12 cm, bloeitijd maart.
- – A. *blanda* 'Charmer'. Donkerroze, hoogte 10-12 cm, bloeitijd maart.
- – A. *blanda* 'White Splendour'. Wit, hoogte 10-12 cm, bloeitijd maart.
- A. *coronaria*. Standplaats in de tuin: goed doorlatende, enigszins zanderige grond, volle zon. Deze soort is niet helemaal winterhard, maar dat valt reuze mee op het moment dat hij tussen beschermende vaste planten in geplant wordt. Een andere mogelijkheid is om vroeg in het voorjaar te planten, zodra de strengste vorst voorbij is. De bloeitijd valt dan enkele weken later. A. *coronaria* kent enkelbloemige (De Caen) en gevuldbloemige (St. Brigid) variëteiten, die alle ca. 25 cm hoog worden en in maart-april bloeien. De meest gekweekte zijn:
- – A. *coronaria* De Caen: 'Bride' (wit), 'Hollandia' (rood met een witte basis en een zwart hart), 'Mr. Fokker' (violetblauw) en 'Sylphide' (violetroze).
- – A. *coronaria* St. Brigid: 'Admiral' (violet), 'Governor' (rood), 'Lord Lieutenant' (diepblauw) en 'Mount Everest' (wit).
- A. *nemorosa* (bosanemoon). Standplaats in de tuin: op een vochtige, schaduwrijke plek. Wit, hoogte 10-12 cm, bloeitijd april-mei. Bijzonderheden: direct na ontvangst planten.
- – A. *nemorosa* 'Robinsoniana'. Een groter zusje; de bloemen hebben de kleur van *Wisteria* (blauweregen) en de plant wordt ca. 30 cm hoog. Bloeitijd maart-mei.
- A. *ranunculoides*. Standplaats in de tuin: op een vochtige, schaduwrijke plek. Geel, hoogte 10-12 cm, bloeitijd maart-mei. Bijzonderheden: evenals *Anemone nemorosa* direct na ontvangst planten.

Klein maar opvallend aanwezig: de roze bloemetjes van *Corydalis solida*, die extra fel lijken te kleuren naast het geelgroene blad van *Epimedium*.

Corydalis

Oorspronkelijke groeigebieden: loofbossen van West-Europa tot Noord-Azië. Standplaats in de tuin: op een goed doorlatende grond, in gedeeltelijke en volledige schaduw. Bijzonderheden: de genoemde soorten zijn heel geschikt voor verwildering.

- C. *bulbosa* (vroeger C. *cava*; holwortel). Roze, hoogte 20 cm, bloeitijd maart-april.
- C. *solida* (vogeltje-op-de-kruk). De Nederlandse naam is afkomstig van de vorm van het bloemetje, dat horizontaal op een dun steeltje staat en op een vogeltje lijkt. Bloemkleur roze, blad mooi grijsblauw; hoogte 20 cm, bloeitijd maart-april.

Ipheion – Oude wijfjes

Oorspronkelijk groeigebied: Zuid-Amerika. Standplaats in de tuin: iedere grond, volle zon. Een mooie variëteit is:

- I. *uniflorum* 'Wisley Blue'. Lichtblauw, hoogte 10-12 cm, bloeitijd maart-mei. Bijzonderheden: bij aanraking geeft de plant een lichte knoflookgeur af. Een nieuwe,

azuurblauwe vorm is I. 'Rolf Fiedler', die eveneens graag op een beschutte en warme plek in de tuin wil staan.

Leucojum

Oorspronkelijke groeigebieden: van Zuid- en Oost-Europa tot de Kaukasus en Turkije. Standplaats in de tuin: op vochtige grond, in gedeeltelijke en volledige schaduw. Bijzonderheden: *Leucojum vernum* moet direct na ontvangst geplant worden en zal zich gestaag uitbreiden als zij op de goede plek staat. Van vérplanten houdt dit gewas echter niet. Het zomerklokje (L.*aestivum*) doet het zelfs op uitgesproken natte plaatsen goed; het water mag de plant gerust tijdelijk overstromen.

- L. *vernum* (lenteklokje). Wit, hoogte 15 cm, bloeitijd februari-maart.
- L. *aestivum* (zomerklokje). Wit, hoogte 30 cm, bloeitijd april-mei.
  – L. *aestivum* 'Gravetye Giant'. Wit, maar met grotere klokjes. Deze variëteit bloeit beter dan de soort. Hoogte 30-40 cm, bloeitijd mei.

Muscari – Blauw druifje, druifhyacint

Oorspronkelijk groeigebied: landen rondom de Middellandse Zee, Turkije en de Kaukasus. Standplaats in de tuin: op eigenlijk iedere doorsnee grond, in de zon. Hoogte 15-25 cm, bloeitijd maart-mei. Bijzonderheden: "hoe heter, hoe beter" is een op blauwe druifjes van toepassing zijnde uitdrukking van Rita van der Zalm, die als geen ander weet wat de gedragingen van bollen in de tuin zijn. Hoe warmer de plek, hoe beter ze het volgend jaar zullen bloeien. Het merendeel van de soorten en variëteiten verspreidt een heerlijke geur. Vrijwel alle druifjes doen het ook zeer goed in potten.

Foto blz. 92: Leucojum aestivum **'Gravetye Giant' heet zomerklokje, bloeit in april en lijkt op een uit de kluiten gewassen sneeuwklokje. Maar ondanks al deze verwarring niet minder mooi, vooral tussen zachtgele sleutelbloemen.**
Foto blz. 93: **Een narcissensoort die de laatste jaren veel belangstelling krijgt is 'Quail': meerdere bloemen per stengel, geurend en goed tot haar recht komend in grote vlakken bodembedekkers zoals** *Epimedium perralchicum* **'Frohnleiten' (elfenbloem).**

- M. *armeniacum*. Het meest bekende blauwe druifje. Blauw, hoogte 15-20 cm, bloeitijd april.
  – M. *armeniacum* 'Blue Spike'. Zachtblauw, hoogte 15 cm, bloeitijd april. Bijzonderheden: bloeit lang met dubbele, geurende bloemen.
  – M. *armeniacum* 'Saffier'. Diepblauw, hoogte 20-25 cm, bloeitijd april-mei. Bijzonderheden: dit type bloeit heel lang omdat de bloemetjes dichte bolletjes zijn die niet door bijen bestoven kunnen worden. Bloemen die wel bestoven worden bloeien vrij snel daarna uit. Door de lange bloeitijd ook geschikt als snijbloem.
- M. *aucheri*. Aan de top van de tros lichtblauw en onderaan donkerder blauw, hoogte 15-20 cm, bloeitijd april. Bijzonderheden: heel rijk bloeiend.
- M. *azureum*. Azuurblauw, met open klokjes; hoogte 15 cm, bloeitijd maart-april. Bijzonderheden: uitermate geschikt voor verwildering.
- M. *botryoides* 'Album'. Wit, hoogte 15-20 cm, bloeitijd april.
- M. *latifolium*. Donkerblauw met lichtblauwe top, hoogte 25 cm, bloeitijd april-mei. Bijzonderheden: breed blad.

Narcissus – Narcis

De naam "sprokkelbloem" voor de narcis (naar de sprokkelmaand februari, waarin de eerste narcissen gaan bloeien) is nauwelijks bekend. Het geslacht *Narcissus* is heel omvangrijk; er zijn honderden soorten en variëteiten en het zou een levenswerk op zich zijn om van allemaal een beschrijving te geven. Handelend naar de doelstelling van dit boek heb ik gekozen voor een aantal soorten en variëteiten die, zoals al eerder gezegd, "op een natuurlijke manier" toepasbaar zijn, in combinatie met vaste planten.

Trompetnarcissen

Gecultiveerde narcissen, speciaal ontwikkeld voor toepassing in de tuin. Overwegend forse, grootbloemige types, maar er zijn een paar variëteiten die wat meer verfijnd zijn en daarom beter passen in de hier bedoelde tuinen. Standplaats in de tuin: in zon en gedeeltelijke schaduw op iedere redelijk goede grond.

- N. 'Little Beauty'. Wit met een citroengeel trompetje, hoogte 10-12 cm, bloeitijd maart.

- N. 'Topolino'. Crèmewit met bleekgele trompet, hoogte 15-20 cm, bloeitijd maart-april.

Grootbloemige narcissen
Eveneens gecultiveerde, speciaal voor de tuin ontwikkelde soorten. Standplaats in de tuin: in zon en (gedeeltelijke) schaduw op iedere redelijk goede grond.
- N. 'Louise de Coligny'. Crèmewitte bloembladen met een abrikooskleurige trompet, hoogte 45 cm, bloeitijd april.
- N. 'Ice Follies'. De beste witte, met een oorspronkelijk zachtgele kroon die naar wit verkleurt; bestand tegen weer en wind. Hoogte 40 cm, bloeitijd april.
- N. 'Salomé. Crèmewit met een zalmroze kroon die aan de rand naar geel verkleurt; hoogte 40 cm, bloeitijd april.
- N. 'Satin Pink'. Crèmewit met oranjeroze kroon, hoogte 35 cm, bloeitijd april.

Poeticus- of dichtersnarcissen
Groeigebieden van de oorspronkelijke N. *poeticus*: gebergten van Zuid- en Midden-Europa. Standplaats in de tuin: op elke niet te arme grond, als verwilderingsnarcis in gras of in heester- en bosranden. Bijzonderheden: geurt heerlijk en is geschikt als snijbloem. Behoort tot de laatstbloeiende narcissen: mei.
- N. 'Actaea'. Wit met een geel, roodomrand hart; hoogte 45 cm.
- N. *poeticus recurvus* (fazantenoog). Wit met een groen, roodomrand hartje; hoogte 40 cm.

Triandrusnarcissen
Groeigebied van de oorspronkelijke N. *triandrus*: gebergten in Portugal. Standplaats in de tuin: op gedeeltelijk beschaduwde plekken in niet te droge grond. Bijzonderheden: alle genoemde variëteiten hebben meerdere bloemen per stengel.
- N. 'Hawera'. Heldergeel, hoogte 20 cm, bloeitijd april-mei.
- N. 'Petrel'. Wit, hoogte 20 cm, bloeitijd april-mei.
- N. 'Thalia'. Ivoorwit, hoogte 40 cm, bloeitijd mei.

Cyclamineusnarcissen
Groeigebied van de oorspronkelijke N. *cyclamineus*: vochtige weilanden bij Oporto in Portugal. Standplaats in de tuin: op vochthoudende grond in zon en schaduw.
- N. 'February Gold'. Geel, hoogte 25 cm, bloeitijd soms al vanaf eind februari. Bloeit zeker zes weken en is goed bestand tegen slecht weer.
- N. 'February Silver'. Wit met citroengele kroon, hoogte 30 cm, bloeitijd als voorgaande.
- N. 'Jack Snipe'. Wit met een geel kroontje, hoogte 20 cm, bloeitijd maart-april.
- N. 'Jenny'. Wit met een oorspronkelijk zachtgele kroon die naar wit verbloeit, hoogte 30 cm, bloeitijd maart-april. Deze narcis gedijt uitstekend op wat nattere gronden.
- N. 'Quince'. Primulageel met een dieper gekleurde trompet, hoogte 15-20 cm, bloeitijd maart. Bijzonderheden: een tweelingzusje van Tête-à-Tête en daarom ook vaak meerdere bloemen per stengel.
- N. 'Tête-à-Tête'. Geel, hoogte 15 cm, bloeitijd soms al vanaf eind februari. Bijzonderheden: deze narcis kan nog wel eens last hebben van vorst. De remedie daartegen is: vroeg planten en liefst temidden van beschermende vaste planten, waardoor zij meer weerstand heeft.

Jonquillanarcissen
Groeigebieden van de oorspronkelijke N. *jonquilla*: landen rondom het westelijk gedeelte van de Middellandse Zee en de Balkan. Standplaats in de tuin: op normale, goed doorlatende tuingrond in de volle zon. Bijzonderheden: meerdere, heerlijk geurende bloemen per stengel.
- N. 'Baby Moon'. Geel ("maangeel"), hoogte 25 cm, bloeitijd mei.
- N. 'Bell Song'. Wit met een lichtroze trompet, hoogte 30 cm, bloeitijd april-mei.
- N. 'Pipit'. Citroengeel met een kroon die in de loop van de bloeitijd verkleurt naar crèmewit, hoogte 35-40 cm, bloeitijd april-mei.
- N. 'Quail'. Diepgeel, hoogte 35 cm, bloeitijd mei. Bijzonderheden: opvallend is de lange, wijduitlopende kroon; vaak met 2-3 bloemen per stengel.
- N. 'Sundial'. Donkergeel met een groen hartje, hoogte 25 cm, bloeitijd april-mei.

Dubbelbloemige narcissen
Dit zijn gecultiveerde narcissen die nooit in deze vorm in

het wild zijn gevonden. Standplaats in de tuin: in enigszins vochtige, humusrijke grond in de volle zon.

- N. *odorus* 'Plenus'. De naam *odorus* (welriekend) geeft al aan dat er van deze soort heel wat te verwachten valt. Bloemkleur geel, gevulde bloemen, 25 cm hoog, bloeitijd april-mei. Bijzonderheden: heel fijn, grasachtig blad.
- N. 'Rip van Winkle'. Zachtgeel; zowel de bloemblaadjes als de kroon zijn in vele smalle blaadjes verdeeld, zodat er een soort ragebolletje ontstaat. Hoogte 15 cm, bloeitijd april.

Tazettanarcissen

Groeigebieden van de oorspronkelijke N. *tazetta*: van Portugal tot China en Japan, de meest kosmopolitische van alle narcissen! Standplaats in de tuin: eveneens in een enigszins vochtige, humusrijke grond in de volle zon.

- N. 'Minnow'. Zachtgeel, hoogte 20 cm, bloeitijd april.

Species of botanische narcissen

Een bont gezelschap, overal vandaan. Standplaats in de tuin: op goed doorlatende, voedselrijke, enigszins vochtige grond in de zon en in gedeeltelijke schaduw.

- N. *bulbocodium conspicuus* (hoepelroknarcis). Goudgeel, hoogte 10-15 cm, bloeitijd maart-april.
- N. *canaliculatus*. Witte bloemblaadjes met een bolvormig geel kroontje, hoogte 15 cm, bloeitijd april. Bijzonderheden: 3 tot 4 zoetgeurende bloemetjes per stengel.
- N. *pseudonarcissus obvallaris* (= N. *pseudonarcissus lobularis*). Bleekgele bloembladen die een lange, meer donkergele kroon nauwelijks kunnen omsluiten. Hoogte 30 cm, bloeitijd maart-april. Bijzonderheden: dit is de zogenaamde Tenby-daffodil die in Engeland in het wild groeit.

Ornithogalum – Vogelmelk

Een oude Nederlandse naam is sevenslaper of slaapmuts, omdat de bloemen pas tegen de middag opengaan en tegen de avond weer sluiten. Oorspronkelijk groeigebied: Zuidoost-Europa, landen rondom de Middellandse Zee. Standplaats in de tuin: op goed doorlatende grond, in zon en in gedeeltelijke schaduw. Hoogte van 20 tot 60 cm, afhankelijk van de soort. Bloeitijd april-juni. Bijzonderheden: alle vogelmelksoorten passen goed in de wat wildere tuin. Ook in bloemenweiden mogen ze niet ontbreken. Alle bloemen zijn stervormig en daarom heet *Ornithogalum* in Engelstalige landen "Ster van Bethlehem", een naam die bij ons alleen gebruikt wordt voor O. *umbellatum*.

- O. *magnum*. Wit; het blad is smal en grasachtig. Hoogte ca. 60 cm, bloeitijd mei-juni. Bijzonderheden: met mooie zaaddozen.
- O. *narbonense*. Wit, hoogte ca. 60 cm, bloeitijd juni. Bijzonderheden: goede snijbloem.
- O. *nutans* (knikkende vogelmelk). Wit met groen, hangende (knikkende) bloemen. Hoogte 30 cm, bloeitijd april-mei. Bijzonderheden: blad en bloemstengel verdwijnen na de bloei; komt in ons land verwilderd voor, evenals de volgende soort.
- O. *umbellatum* (ster van Bethlehem). Wit met groen, hoogte 20 cm, bloeitijd mei. Bijzonderheden: deze soort mag niet te donker staan, want dan blijven de bloemen gesloten.

Puschkinia

Van dit geslacht is slechts een soort in cultuur: *Puschkinia scilloides libanotica*. Oorspronkelijk groeigebied: Turkije. Standplaats in de tuin: een goed doorlatende grond waar veel zand en bladeren in zitten; verdraagt schaduw. Kleur: porseleinblauw, hoogte 10 cm, bloeitijd maart. Bijzonderheden: een heel gemakkelijk bolgewas dat het eigenlijk altijd doet. Het mooiste effect wordt bereikt wanneer het in grote groepen (minimaal 25 tot 50 stuks) van wisselende grootte aangeplant wordt tussen vroeg uitlopende bodembedekkers, zoals *Viola labradorica* (labradorviooltje). Het zachtblauwe bloemetje van *Puschkinia* steekt mooi af tegen het donkere, paarsgroene viooltjesblad.

Tulipa – Tulp

De tulp is een van de handelsmerken van Nederland: nergens ter wereld heeft de tulpencultuur zo'n ontwikkeling doorgemaakt. Geen bolgewas is ook ooit op zoveel verschillende plekken verzameld. De oorspronkelijke groeigebieden zijn te vinden in de gebergten van de landen

Een buitenbeentje onder de narcissen: de kleine 'Rip van Winkle', die minstens twee weken bloeit; mooi in een randje langs het tuinpad.

rondom de Middellandse Zee, maar ook in Zwitserland, Midden- en West-Rusland en in West- en Centraal-Azië, tot en met in Siberië toe!
Geen bloem is ook zo verguisd als de tulp en de reden daarvan is al eerder genoemd: er zijn bepaalde soorten en variëteiten die er, vooral in de ogen van de liefhebbers van de natuurlijke tuin, nogal kunstmatig uitzien: te grote bloemen, te uitgesproken kleuren. Daarom is ook hier weer, net als bij de narcissen, een selectie gemaakt en wordt alleen een aantal soorten, groepen en cultivars besproken dat in combinatie met bijpassende vaste planten een plaats kan krijgen in de minder formele tuin. En natuurlijk is er daarbij van uitgegaan dat deze bollen allemaal in de grond kunnen blijven zitten. Voorwaarde is dan wel dat de grond goed gedraineerd is, dat de bollen ook na de bloei voldoende zonlicht en warmte krijgen om weer te kunnen aansterken en dat ze dieper geplant worden dan normaal, met minimaal 15 cm aarde op de bol.

Enkele (= enkelbloemige) vroege tulpen
Bloeitijd vanaf half april. Bijzonderheden: door hun stevige stengels zijn de bollen uit deze groep goed bestand tegen slecht weer.
- T. 'Apricot Beauty'. Zacht zalmoranje, hoogte 40 cm.
- T. 'Christmas Marvel'. Helderroze, hoogte 35 cm.
- T. 'Couleur Cardinal'. Dieprood, hoogte 35 cm.
- T. 'Prinses Irene'. Oranje met paarsgroene strepen die als vlammetjes rondom de buitenkant van de bloem dansen, hoogte 35-40 cm.

Dubbele vroege tulpen
Bloeitijd vanaf half april. Bijzonderheden: met korte, stevige stengels en daarom ook geschikt voor in potten.
- T. 'Monsella'. Geel met felrood gevlamd, hoogte 35 cm. Bijzonderheden: dubbele pioenachtige bloemen.
- T. 'Monte Carlo'. Goudgeel, hoogte 30 cm.
- T. 'Peach Blossom'. Dieproze, hoogte 30 cm.

Leliebloemige tulpen
Bloeitijd mei. Bijzonderheden: elegant door de slanke bloemvorm en daardoor bij uitstek in te passen in natuurlijke borders.
- T. 'Ballerina'. Beschaafd oranje, hoogte 55 cm.
- T. 'Burgundy'. Diep paarsbruin, hoogte 50 cm.
- T. 'China Pink'. Zachtroze, hoogte 55 cm.
- T. 'Red Shine'. Dieprood, hoogte 50 cm.
- T. 'West Point'. Geel, hoogte 50 cm.
- T. 'White Triumphator'. Wit, hoogte 65 cm.

Parkiettulpen
Bloeitijd mei. Bijzonderheden: een tulp die door zijn opvallende bloeiwijze niet zomaar overal tussen past, maar in bijzondere situaties voor de nodige opwinding zal zorgen. De bloembladen hebben een sterk gekrulde en geplooide rand.
- T. 'Black Parrot'. Paarsbruin, hoogte 60 cm.
- T. 'Estella Rijnveld'. Wit met rood en groen gevlamd, hoogte 55 cm.
- T. 'Rococo'. Signaalrood met groen gevlamd, hoogte 50 cm.
- T. 'Weber's Parrot'. Ivoorwit met zachtroze en groen, zo door elkaar heen lopend dat de combinatie associaties oproept met vanille-, aardbeien- en pistache-ijs.

Enkele (= enkelbloemige) late tulpen
Bloeitijd mei. Bijzonderheden: koninklijke tulpen op stevige stengels.
- T. 'Kingsblood'. Helderrood, hoogte 65 cm. Bijzonderheden: een tulp voor in de polder, want weer- en windbestendig.
- T. 'Maureen'. Ivoorwit, hoogte 60 cm.
- T. 'Menton'. Lichtroze met zachtoranje randen, aan de binnenkant helderrood, hoogte 60 cm.
- T. 'Queen of Night'. Een poging tot het maken van de "zwarte tulp". Deze is diep paarsbruin van kleur en heeft een satijnen glans, hoogte 60 cm.
- T. 'Recreado'. Dieppaars met paarsrode binnenkant, hoogte 50 cm.

Dubbele late tulpen
Bloeitijd mei. Bijzonderheden: met grote, pioenachtige bloemen.
- T. 'Angélique'. Heel licht met iets donkerder roze, hoogte 40 cm. Bijzonderheden: licht geurend.

Twee onalledaagse soorten die elkaars gezelschap blijkbaar goed verdragen: *Ornithogalum narbonense* (een vogelmelksoort) en *Helleborus foetidus* (stinkend nieskruid).

- T. 'Carnaval de Nice'. Wit met onregelmatige rode vlammen, hoogte 40 cm.
- T. 'Mount Tacoma'. Zuiverwit met vage groene streepjes op de buitenste bloembladeren, hoogte 50 cm. IJzersterk en langbloeiend.

Viridifloratulpen

Bloeitijd mei. Bijzonderheden: tulpen met groene vlammen aan de buitenkant van de bloem.

- T. 'Artist'. Zalmoranje met bruingroen gevlamd, hoogte 40 cm.
- T. 'Esperanto'. Rood met zilverwit en groen, hoogte 40 cm. Bijzonderheden: decoratief blad met een zilverwitte streep langs de rand.
- T. 'Groenland'. Zachtroze met crème en groen, hoogte 45 cm.
- T. 'Hummingbird'. Geel met groen gevlamd, hoogte 50 cm.
- T. 'Spring Green'. Ivoorwit en groen, hoogte 45 cm.

Kaufmannianatulpen

Bloeitijd maart-april. Evenals de hierna te bespreken Greigii- en Fosterianatulpen een groep lage tuintulpen. Kaufmanniana's komen het eerst in bloei, in maart, en worden waterlelietulpen genoemd omdat de wijdopenstaande bloemen op een waterlelie lijken. Ze hebben breed blad dat grijsgroen van kleur is en soms roodbruin gevlekt of gestreept. Ze zijn met de Greigiitulpen het meest geschikt voor toepassing in potten.

- T. 'Heart's Delight'. Karmijnrood met lichtroze rand, geel hart, gestreept blad, hoogte 20 cm.
- T. 'Johann Strauss'. Aan de buitenkant wit met rood, aan de binnenzijde met een groot, goudgeel hart; hoogte 20-25 cm.
- T. 'Shakespeare'. Diep karmijnrood met zalmroze rand en geel hart, hoogte 25 cm.
- T. 'Show Winner'. Dieprood met een boterbloemgeel hart, bladeren gestreept; hoogte 15 cm.
- T. 'Stresa'. Rood met gele rand, gestreept blad; hoogte 20 cm.

Fosterianatulpen

De Fosteriana's bloeien in april na de Kaufmanniana's en zijn iets forser. Hun lengte varieert van 35-50 cm, het blad is in het algemeen grijsgroen van kleur.

- T. 'Candela'. Diepgeel, hoogte 35 cm.
- T. 'Juan'. Diep oranjerood met een goudgele onderkant, hoogte 25 cm.
- T. 'Madame Lefeber'. Glanzend rood, hoogte 35 cm.
- T. 'Purissima'. Wit, hoogte 40 cm.
- T. 'Sweetheart'. Goudgeel met een brede crèmewitte rand, hoogte 35 cm.
- T. 'Yellow Purissima'. Een gele variant.

Greigiitulpen

Deze groep bloeit eind april, begin mei. De bloemen zijn enigszins klokvormig, waarbij de binnenste bloembladen groter zijn dan de buitenste. Het spits toelopende blad is vaak gegolfd en min of meer paarsbruin gestreept of gespikkeld.

- T. 'Cape Cod'. Geel met brede rode strepen, hoogte 20 cm.
- T. 'Oriental Beauty'. Rood, hoogte 30 cm.
- T. 'Plaisir'. Dieprood met bleekgele randen, hoogte 15 cm.
- T. 'Red Riding Hood'. Helderrood met een zwart hart, hoogte 20 cm.
- T. 'Sweet Lady'. Van zuurstokroze naar een zachtroze onderkant, hoogte 30 cm.
- T. 'Toronto'. Oranjerood, hoogte 25-30 cm.

Species oftewel botanische tulpen

De meeste van deze "echte wilde" tulpen zijn geschikt voor verwildering. Als ik ze allemaal zou kunnen beschrijven, zou het boek tot een kleine bijbel uitdijen en daarom beperk ik me hier tot een willekeurig gekozen aantal soorten. Eigenlijk zijn het allemáál snoepjes om te zien! De bloeitijd valt voornamelijk in maart-april, met een enkele uitschieter naar mei-juni. De hoogte varieert grofweg van 10 tot 25 cm, maar ook hier zitten uitzonderingen tussen die 40-50 cm hoog worden.

- T. *bakeri* 'Lilac Wonder'. Violetroze met een geel hart, hoogte 15 -20 cm, bloeitijd april.
- T. *batalinii* 'Bright Gem'. Abrikoosgeel, hoogte 10 cm, bloeitijd april.

Wat een kracht gaat er uit van twee roodtinten die zo'n eigenlijk saaie groene border opeens heel levendig maken. Hier zijn dat de tulpen 'Red Shine' en 'Queen of Night'.

- T. *chrysantha* (= T. *clusiana* var. *chrysantha*). Geel met rozerood aan de buitenkant, een heldergele ster als de bloem zich opent; hoogte 20 cm, bloeitijd april.
- T. *clusiana* 'Cynthia'. Crèmegeel met rood, hoogte 35 cm, bloeitijd april-mei.
- T. *hageri* 'Splendens'. Dieprood, 3-5 bloemen per steel; hoogte 20 cm, bloeitijd april.
- T. *linifolia*. Dieprood met een zwart hart, hoogte 10-15 cm, bloeitijd mei.
- T. *orphanidea flava*. Bronsgeel met groene streepjes, hoogte 20-25 cm, bloeitijd april-mei.
- T. *praestans* 'Fusilier'. Fel oranjerood met 3 tot 5 bloemen per stengel, bloeitijd april.
- T. *pulchella* 'Violacea'. Paarsrood met een donkerder gekleurde onderkant en een sprekend zwart hart, hoogte 15-20 cm, bloeitijd maart.
- T. *rhodopea*. Dieprood met donkere vlekken, hoogte 20 cm, bloeitijd april-mei.
- T. *tarda*. Verkozen tot de meest populaire bol van 1997. Wit met een groot geel hart; vaak 5 bloemen per steel. Hoogte 12-15 cm, bloeitijd april-mei.
- T. *turkestanica*. Crèmewit met een oranjegeel hart; eveneens meerdere bloemen per steel. Hoogte 20 cm, bloeitijd maart.
- T. *urumiensis*. Bronsgeel met groenige streepjes aan de buitenkant; 3-5 bloemen per steel. Hoogte 15 cm, bloeitijd april. Een dankbare en langdurige bloeier.
- T. *whittallii*. Aan de binnenkant gedempt oranje en aan de buitenkant bruingeel met groen; een enkel, komvormig bloemetje per steel. Hoogte ca. 30 cm, bloeitijd april.

Erythronium – Hondstand

De Nederlandse naam is afgeleid van de witte bolletjes (eigenlijk knolletjes), die volgens sommigen op de tanden van een hond lijken. Anderen zien er echter een addertong in en dus is dat zijn tweede Nederlandse naam. Oorspronkelijke groeigebieden: in Centraal- en Zuid-Europa, Rusland en Japan, maar ook in de Rocky Mountains van Noord-Amerika en in de koele bossen en hoge bergen van Noord-Californië. Standplaats in de tuin: op een zanderige en zelfs enigszins zure grond die voldoende vochtig moet zijn en waar ook genoeg schaduw komt.
Direct na ontvangst planten is een vereiste, want de bollen hebben geen beschermschaal en zijn gevoelig voor uitdrogen. Diep planten is eveneens noodzakelijk om ze te beschermen tegen uitdrogen en bevriezen. Als aan al deze voorwaarden voldaan kan worden en de *Erythronium*'s ongestoord hun gang kunnen gaan, zullen ze op den duur steeds beter bloeien en zich op een gegeven moment gaan vermeerderen door middel van zaad.
Kleuren: wit, roze, purper en geel, maar de gele zijn verreweg het sterkst. Hoogte variërend van 10 tot 30 cm. Bloeitijd april-mei. Bijzonderheden: behalve de bloemen, die eruit zien als kleine lelies, is ook het blad erg de moeite waard: breed, glanzend en bont gevlekt. *Erythronium* is geen gemakkelijk bolgewas, maar de moeite van het proberen absoluut waard.

- E. '*Pagoda*'. Zwavelgeel met een bruine ring in het hart; het blad is bronskleurig gevlekt. Hoogte 25 cm, bloeitijd april.
- E. *revolutum* 'White Beauty'. Wit, blad bont gevlekt; hoogte 15-20 cm, bloeitijd april-mei.
- E. 'Sundisc'. Goudgeel, met bloemen die minder knikken en waar je dus beter inkijkt; hoogte ca. 30 cm, bloeitijd april-mei.

Fritillaria

Oorspronkelijke groeigebieden: een wijde verspreiding, van de landen rondom de Middellandse Zee via Turkije, Rusland en Midden-Azië naar Oost-Siberië en Japan en dan via Noord-Amerika terug naar... de lage landen. Standplaats in de tuin: op een goed doorlatende, voedselrijke grond in de zon of gedeeltelijke schaduw, afhankelijk van de soort. Daarbij moeten *Fritillaria*'s diep geplant worden omdat ze nog wel eens gevoelig kunnen zijn voor vorst.

- F. *camschatcensis*. Paarsbruin, tegen het zwarte aan, hoogte 40 cm, bloeitijd april-mei. Bijzonderheden: deze soort houdt van vochtige bosgrond.
- F. *imperialis* 'Aurora' (keizerskroon). Een zeer opvallende soort, in dezelfde categorie als de tulp 'Estella Rijnveld': slechts zeer sporadisch bruikbaar omdat zij, evenals de variëteiten 'Lutea' en 'Rubra Maxima', al-

Meer voorjaar dan hier kan het in een tuin niet zijn. Op de voorgrond een border in geeltinten met de tulpen 'West Point' en 'Spring Green'. Op de achtergrond een grijs-roze border met tulpen 'Jacqueline'.

le aandacht opeist, maar in bijzondere situaties zeker een eye catcher. Standplaats in de tuin: goed doorlatende, voedselrijke grond op een warme, zonnige plek. Kleur: oranjerood, zoals de dageraad (= aurora), hoogte ca. 100 cm, bloeitijd april. Bijzonderheden: keizerskronen verspreiden een onaangename geur, die veel lijkt op de lichaamsgeur van een bunzing; het voordeel daarvan is echter dat veldmuizen, woelratten en mollen ervoor op de vlucht slaan.

– F. *imperialis* 'Lutea'. De gele variant.
– F. *imperialis* 'Rubra Maxima'. Grootbloemig, oranjerood. Beide cultivars bereiken dezelfde hoogte en bloeien in dezelfde periode als 'Aurora'.

- F. *meleagris*. Bij ons "kievitseitje" genoemd omdat de bloei begint met de komst van de kievit en een gesloten bloem op een kievitsei lijkt. In Engeland heet deze soort ook wel Snake's Head. Dat komt omdat de stengel, zolang de bloem nog niet bloeit, zich bij koud weer buigt en daarbij de knop plat tegen de grond drukt: als een slang die in de aanval gaat. Standplaats in de tuin: op vochtige, liefst rijke grond in de zon en halfschaduw. Kleur: in de oorspronkelijke soort komen verschillende kleuren naast elkaar voor: wit, roze en licht- en donkerpaars. Hoogte 15-20 cm, bloeitijd april-mei. Bijzonderheden: de bolletjes zijn gevoelig voor uitdrogen. Daarom direct na ontvangst planten!

– F. *meleagris* 'Alba'. Een zuiverwitte selectie; mooi als kleine lantaarntjes op een donkere plek, tussen vroege bodembedekkers.

- F. *michailovskyi*. Paarsbruin met een gele rand, hoogte 15-20 cm, bloeitijd april-mei. Bijzonderheden: wil liever schaduw dan zon.
- F. *pallidiflora*. Groengele klokken die een onaangename geur hebben, hoogte 30-40 cm, bloeitijd april. Bijzonderheden: gemakkelijk bolgewas voor vrijwel iedere grond, in zon en lichte schaduw.
- F. *persica* 'Adiyaman'. Standplaats in de tuin: in de volle zon, op doorlatende grond. Chocoladebruine, klokvormige bloemen aan een lange stengel; grijsgroen blad. Hoogte ca. 100 cm, bloeitijd april-mei. Bijzonderheden: een lastpak die alleen maar goed wil bloeien als hij 's zomers kan staan te bakken in de zon.
- F. *pontica*. Standplaats in de tuin: in iedere redelijk goede grond, in de volle zon. Groen met bruine puntjes aan de klokjes, hoogte 20-30 cm, bloeitijd april-mei.

In vochtige graslanden gedijt *Fritillaria meleagris* (kievitseitje). Vooral onder bomen en struiken lijken de witte bloemetjes dan licht te geven.

Hyacinthus – Hyacint

Oorspronkelijk groeigebied: landen rondom het oostelijke gedeelte van de Middellandse Zee. Standplaats in de tuin: in een goed doorlatende, zanderige grond in de volle zon. Bijzonderheden: alle gekweekte hyacinten stammen af van de oervorm, *Hyacinthus orientalis*. Deze gekweekte variëteiten hebben een in mijn ogen nogal onnatuurlijke bloemvorm, die niet zo past in de "natuurlijke" tuin. Toch zijn ze wel bruikbaar, want het aardige is dat de bloemen, naarmate de bollen langer vast staan, een steeds lossere vorm krijgen. De echte hyacintenkweker zou zeggen dat ze in kwaliteit achteruit gaan, maar in de tuin die mij voor ogen staat passen ze op die manier perfect. En ze zijn er in de prachtigste kleuren, zoals:
H. *orientalis* 'Blue Jacket' (diepblauw)
H. *orientalis* 'City of Haarlem' (zachtgeel)
H. *orientalis* 'Distinction' (auberginekleurig)
H. *orientalis* 'Gipsy Queen' (zalmoranje)
H. *orientalis* 'Prinses Maria Christina' (abrikoosroze)
Wie dat eerste jaar van "net iets te veel van het goede" wil overslaan, kan kiezen voor de oervorm, H. *orientalis*. Hiervan is de bloemvorm veel losser dan van de gekweekte variëteiten, met maximaal 15 bloemetjes (de zogenaamde "nagels") verspreid langs de stengel. Deze is er echter alleen maar in het zachtblauw. Voor alle hyacinten geldt dat ze zo'n 25 cm hoog worden, in april-mei bloeien en heerlijk geuren.

Hyacinthoides – Boshyacint

Oorspronkelijk groeigebied: afhankelijk van de soort. Standplaats in de tuin: op voedselrijke, vochthoudende grond in gedeeltelijke of volledige schaduw.

- H. *hispanica* (voorheen: *Scilla campanulata*). Eigenlijk de Spaanse boshyacint, maar nogal eens "Nederlandse boshyacint" genoemd. Oorspronkelijke groeigebieden: gebergtes en bossen in Portugal, Spanje en Noord-Afrika. Kleur: zachtblauw; de bloemtros staat rechtop en heeft korte, echte klokjes rondom de sten-

Fritillaria verticillata is te mooi om lang onbekend te blijven. Groenwitte bloemen aan lange stengels gaan bijna dansend door deze schaduwborder, waarin onder andere *Veratrum* en *Arum* ook een plek gekregen hebben.

gel. Hoogte 50-55 cm, bloeitijd mei.

- H. *non-scripta* (voorheen: *Scilla non-scripta*). Dit is de echte Bluebell of het hazeklokje. Oorspronkelijk groeigebied: bosrijke streken van West-Europa. Kleur: blauw; bij deze soort is de bloemtros knikkend en hangen meer langwerpige klokjes aan één kant van de bloemstengel. Hoogte 20-40 cm, bloeitijd mei. Bijzonderheden: bloemen geurend.

Arum – Aronskelk

Een opmerkelijke, Oud-Nederlandse naam is kindje-in-het-pak, omdat de bloem in de schede zit opgesloten. Oorspronkelijke groeigebieden: bossen in Europa en Noord-Afrika. Standplaats in de tuin: in volledige of gedeeltelijke schaduw op vochtige, kalkrijke grond. Bijzonderheden: de grootste sierwaarde komt van de forse, glanzende bladeren die vooral in de wintermaanden opvallen. Ze zijn pijlvormig en, al naar gelang de variëteit, meer of minder crèmekleurig gemarmerd.

- A. *italicum* (Italiaanse aronskelk). Groenwit; na de bloei verschijnen feloranje bessen. Hoogte 20-30 cm, bloeitijd mei. Bijzonderheden: een variëteit met meer "getekend" blad is *Arum italicum* 'Marmoratum'.

Brimeura

Oorspronkelijk groeigebied: bergweiden in de Pyreneeën. Standplaats in de tuin: goed doorlatende, humusrijke grond; deze soort wil het liefst gedeeltelijke schaduw, maar doet het ook in de volle zon.

- B. *amethystina*. Licht- tot donkerblauw; de buisvormige bloemetjes doen aan hele kleine Bluebells denken. Hoogte 20 cm, bloeitijd mei. Bijzonderheden: een gemakkelijk bolgewas voor beginners.

Geranium – Knol-ooievaarsbek

Oorspronkelijk groeigebied: landen rondom de Middellandse Zee. Standplaats in de tuin: op alle gronden, in volle zon.

- G. *tuberosum*. Lilablauw, hoogte 20-25 cm, bloeitijd april-mei. Bijzonderheden: het vrijwel ronde, diep ingesneden blad verschijnt al heel vroeg, soms al vóór de winter. Na de bloei verdwijnt het.

Ixiolirion

Oorspronkelijk groeigebied: graslanden in Zuidwest- en Centraal-Azië. Standplaats in de tuin: op goed doorlatende, zanderige grond in volle zon. Bijzonderheden: goed voor verwildering.

- I. *tataricum*. Diepblauw; grasachtig blad. Hoogte 40 cm, bloeitijd mei.

Nectaroscordum

Oorspronkelijke groeigebieden: bossen in Zuid-Europa en West-Azië. Standplaats in de tuin: in enigszins vochtige, goed gedraineerde grond, in zon en gedeeltelijke schaduw.

- N. *siculum* (vroeger *Allium siculum*). Wit-groen-roze hangende klokjes die uit het uiteinde van een lange stengel komen. Hoogte ca. 100 cm, bloeitijd mei. Bijzonderheden: na de bloei zijn de zaaddozen lange tijd mooi. Ze bevatten veel zaad, waardoor de soort zich soms in hinderlijke mate kan verspreiden.

Camassia

Oorspronkelijk groeigebied: westkust van Noord-Amerika. Standplaats in de tuin: op vochtige, voedselrijke grond in gedeeltelijke schaduw. Bijzonderheden: vooral de hogere soorten en cultivars zijn goed te gebruiken als verwilderingsbollen in een bloemenweide. Ze hebben sterke stengels en vallen niet om.

- C. *cusickii*. Lichtblauw, hoogte 60-80 cm, bloeitijd mei-juni.
- C. *esculenta* (= C. *quamash*). Felblauw, hoogte 20-30 cm, bloeitijd mei-juni. Bijzonderheden: deze soort is eetbaar. De eerste kolonisten in Noord-Amerika ontdekten dat de indianen deze bol bakten en aten als een soort zoete aardappel.
- C. *leichtlinii* 'Alba'. Roomwit, hoogte 80-100 cm, bloeitijd juni.
  – C. *leichtlinii* 'Caerulea'. Hemelsblauw, hoogte 60-80 cm, bloeitijd mei-juni.

Dichelostemma

Oorspronkelijk groeigebied: graslanden in westelijk

Foto blz. 108: Zó zien hyacinten (in dit geval 'Gipsy Queen') er toch wel weer heel anders uit. Duidelijk zichtbaar is hier hoe ze in een vorig najaar uitgestrooid en geplant zijn temidden van *Aster divaricatus.*
Foto blz. 109: Hyacinthoides hispanica voelt zich vooral thuis in een meer natuurlijke omgeving, onder heesters en bomen en het liefst naast wat "wildere" planten zoals fluitekruid.

Noord-Amerika. Standplaats in de tuin: op vrij droge grond en op een warme, beschutte plek.

- D. *congestum*. Paarsrood; de bloemen doen in de verte denken aan de bloemetjes van bieslook. Lang, grasachtig blad. Hoogte 60-70 cm, bloeitijd juni. Bijzonderheden: een goede snijbloem.

Allium – Look, sierui

Van het omvangrijke geslacht *Allium* zijn meer dan 300 soorten bekend. Zij komen oorspronkelijk voor op alle continenten van het noordelijk halfrond, maar met name in de landen rondom de Middellandse Zee, in Noord-Amerika en Centraal-Azië. In grootte variëren de *Allium*'s sterk: van zo'n 15 cm tot ruim anderhalve meter hoog!
Niet alle *Allium*'s kunnen jaar in jaar uit in de grond blijven zitten en tegelijkertijd goed bloeien. De soorten en cultuurvariëteiten die uit kleine bolletjes opgroeien zijn vrij probleemloos, maar *Allium*'s met grovere bollen halen tijden de bloeiperiode zoveel voedsel uit de grond dat ze na de bloei eigenlijk bijgemest moeten worden, waarmee ze een goede voorbereiding krijgen op een volgend bloeiseizoen.
Over het algemeen is het een klein kunstje om met *Allium*'s succes te hebben; het is een uitstekend geslacht voor beginnende tuiniers. De meeste *Allium*'s houden van een lichte, redelijk voedselrijke en goed doorlatende grond; het merendeel wil in de zon staan, maar er zijn ook soorten die gedeeltelijke of zelfs diepe schaduw voor lief nemen. Het enige wat je op *Allium*'s aan te merken zou kunnen hebben, is dat hun blad zo snel vergeelt. Anders dan bij alle andere bolgewassen mag dat hier echter weggeknipt worden zodra de bloem begint te kleuren, want de bol is op dat moment al volgroeid en heeft dus het blad niet nodig om weer extra krachten op te doen.
Hun ongedwongen voorkomen maakt dat ze uitstekend passen in de natuurlijke tuin en daarom volgt hier een (in verband met de ruimte zo beperkt mogelijke, maar toch nog uitgebreide) selectie. Behalve over de kleur van de bloem wordt ook iets verteld over de vorm ervan, omdat die van soort tot soort nogal kan verschillen.

Soorten voor een zonnige plek

De navolgende soorten en variëteiten willen allemaal een aantal uren zon per dag en een vrij droge standplaats of in ieder geval een plek waar de waterafvoer niet stagneert.

- A. *aflatunense*. Lilaroze bolvormige bloeiwijzen met een doorsnee van 10 cm. Hoogte 80 cm, bloeitijd mei-juni. Bijzonderheden: goede snijbloem.
- A. *atropurpureum*. Dieppaarse, afgeplat bolvormige bloeiwijzen met een doorsnede van 6 cm. Hoogte 60 cm, bloeitijd juni-juli. Bijzonderheden: goede snijbloem.
- A. *caeruleum* (blauw look). Hemelsblauwe bolvormige bloeiwijzen met een doorsnee van 3 cm. Hoogte 40 cm, bloeitijd juni-juli. Bijzonderheden: goede snijbloem. Om jaarlijks goed terug te kunnen komen moet deze soort op een heel warme plek staan.
- A. *cernuum*. Aan het eind van een 30 cm hoge stengel verschijnt in juni een trosje met 25 tot 40 hangende lilaroze bloemetjes. Bijzonderheden: de bloei kan de hele zomer voortduren, wat vooral voor de bijen, die dol zijn op deze soort, erg prettig is.
- A. *christophii* (sterrenlook). Een bolvormige bloeiwijze met ongeveer 50 stervormige, zilverachtig lila bloemetjes op lange dunne steeltjes, die een diameter van 20 cm kan bereiken. Hoogte 50 cm, bloeitijd juni-juli. Bijzonderheden: ook na de bloei, in gedroogde vorm, zeer het aanzien waard.
- A. *flavum*. Bloemvorm een trosje hangende goudgele bloemetjes aan het eind van de steel. Hoogte 30 cm, bloeitijd juli-augustus. Bijzonderheden: een licht geurende bloem, geschikt als snijbloem.
- A. *giganteum*. Violetpaarse bolvormige bloeiwijzen met een doorsnee van 15 cm. Hoogte 150 cm, bloeitijd juni-juli. Bijzonderheden: goede snijbloem.

Heel gedistingeerd is deze combinatie van tulpen 'Recreado' met het vroege blad van verschillende soorten *Geranium*. Op hetzelfde moment bloeit de lilablauwe *Geranium tuberosum*, eveneens een bolgewas.

Camassia's voelen zich op veel plekken thuis, als het er maar voldoende vochtig is. Aan de waterkant geeft de witte *Camassia leichtlinii* 'Alba' tegenwicht aan het imponerende donkere blad van *Rodgersia.*

- A. *karataviense* (puinlook). Witte tot bleekroze bolvormige bloeiwijze met een diameter van ruim 10 cm. Hoogte 20 cm, bloeitijd juni-juli. Bijzonderheden: deze soort doet het ook goed in potten. Kan een hoop droogte verdragen, getuige de Nederlandse naam.
- A. 'Lucy Ball'. Donkerlila bolvormige bloeiwijzen met een diameter van minstens 15 cm. Hoogte 100 cm, bloeitijd mei-juni. Bijzonderheden: sterk geurend en een goede snijbloem.
- A. *neapolitanum*. De bloeiwijze bestaat uit een aantal lange steeltjes aan het eind van de bloemstengel die elk een stervormig, stralend wit bloemetje dragen en samen een luchtige bol vormen met een doorsnede van ca. 5 cm. Hoogte 30 cm, bloeitijd april-mei. Bijzonderheden: goede snijbloem met een heerlijke geur. Deze soort houdt van zanderige, droge grond in de volle zon en zal zich dan jaarlijks flink vermeerderen.
- A. *nigrum*. De bloeiwijze is een afgeplatte bol met een diameter van ongeveer 10 cm, kleur groen met wit. Hoogte 80 cm, bloeitijd juni. Bijzonderheden: statige en stevige snijbloem die lekker ruikt en de hele zomer aantrekkelijk blijft met zijn mooie zaaddozen.
- A. *oreophilum*. Helder lilaroze, luchtige, schermvormige bloeiwijze. Hoogte 15 cm, bloeitijd mei-juni. Bijzonderheden: goed voor verwildering, vooral op de overgang van paden en borders waar de grond vaak extra zanderig is.
- A. 'Purple Sensation'. De dieppaarse bloeiwijze heeft een volmaakte bolvorm. Hoogte 80 cm, bloeitijd mei-juni. Bijzonderheden: goed als snijbloem.
- A. *roseum*. De zilverig roze bloeiwijze heeft een afgeplatte bolvorm en maakt een transparante indruk. Hoogte ca. 40 cm, bloeitijd juni-juli. Bijzonderheden: goede snijbloem.
- A. *sativum ophioscorodon* (aesculaap-ui). Bloemkleur groenig, hoogte 80-100 cm, bloeitijd juli. Bijzonderheden: van een bloem is eerst eigenlijk nauwelijks sprake, meer een bosuitje op een stengel met een krul erin. De stengel trekt recht vlak voordat de verdikking aan het eind open gaat en piepkleine zwarte bolletjes onthult. Fascinerend.
- A. *schoenoprasum* 'Forescate'. Lilarode bolvormige bloeiwijzen met een diameter van 3-4 cm. Hoogte 40 cm, bloeitijd mei. Bijzonderheden: dit is een forse uitgave van het welbekende bieslook. Het blad van deze variëteit is dan ook eveneens eetbaar.
- A. *schubertii*. De bloemvorm is werkelijk heel bijzonder en kan het best omschreven worden als een "bloem in een bloem". Aan het eind van een 20-30 cm hoge, stevige stengel wordt een compacte bol gevormd door zacht lilaroze, stervormige bloemetjes op ca. 5 cm lange steeltjes. Uit deze bol groeit een tweede, zeer luchtige bolvorm die gevormd wordt door 20 cm lange steeltjes met aan elk uiteinde weer een stervormig bloemetje. Bloeitijd juni. Bijzonderheden: na de bloei is de bloem in gedroogde vorm bijna net zo mooi als tijdens de bloei. Deze soort is enigszins vorstgevoelig, dus planten tussen vaste planten die wat bescherming kunnen geven zoals *Artemisia schmidtiana* 'Nana' of *Geranium cinereum* 'Splendens'.
- A. *sphaerocephalon* (kogellook of kalklook, trommelstokje). De paarsrode bloeiwijze is ongeveer 5 cm groot en heeft een compacte eivorm; 50-70 cm hoge stengels geven er iets zwierigs aan en het geheel lijkt op een trommelstokje, de derde naam waaronder deze soort bekend is. Bloeitijd juli. Bijzonderheden: goede snijbloem, maar in gedroogde vorm ook nog lange tijd heel mooi in de border. Een echte bijenplant.
- A. *stipitatum*. De lilaroze bolvormige bloeiwijze heeft een afgeplatte onderkant en krijgt een diameter van ongeveer 10 cm. Hoogte 100-150 cm, bloeitijd mei-juni. Bijzonderheden: goede, lichtgeurende snijbloem met stevige stengels. Ook mooi in gedroogde vorm, om in de border nog veel plezier van te hebben.
  - A. *stipitatum* 'Album'. De groenwitte, minstens zo spectaculaire variant.
- A. *unifolium*. Een zilverig roze, afgeplatte halve bol op een 30 cm hoge stengel. Bloeitijd mei-juni. Bijzonderheden: smalle grasachtige bladeren.
- A. *tuberosum* (Chinees bieslook). Schermvormige witte bloeiwijze, diameter ca. 5 cm. Hoogte 40 cm, bloeitijd juli-augustus. Bijzonderheden: eetbaar blad.

Foto blz. 114: Tegen een grijsroze waas van *Artemisia* en *Origanum* steken de paarsrood getinte bloeiwijzen van *Allium sphaerocephalon* duidelijk af.
Foto blz. 115: Bijna dezelfde kleur maar totaal verschillende bloemvormen hebben *Allium* 'Purple Sensation' en eenjarige papaver. De achtergrond van elegant stokrozenblad maakt het geheel af.

- A. *zebdanense* (bochtig look). Schermvormige witte bloeiwijze, diameter 3 cm. Hoogte 20-30 cm, bloeitijd april-mei. Bijzonderheden: prima voor verwildering.

Schaduwliefhebbers
Gelukkig zijn er in het geslacht *Allium* ook een paar soorten die volledige schaduw prefereren en juist wél liever een vochtige grond willen hebben.

- A. *paradoxum*. De bloem is een hangend wit klokje. Hoogte 20 cm, bloeitijd vanaf maart. Bijzonderheden: met prachtig lichtgroen blad dat al heel vroeg in het voorjaar verschijnt; verwildert goed.
- A. *triquetrum*. Uit een driekantige bloemstengel komen trosjes hangende, slanke klokjes tevoorschijn; deze zijn wit met groene streepjes. Hoogte 30-40 cm, bloeitijd mei. Bijzonderheden: verwildert goed op een vochtige grond, maar is niet voor honderd procent winterhard.
- A. *ursinum* (daslook). De Nederlandse benaming heeft de plant te danken aan het feit dat ze schijnt voor te komen in dezelfde gebieden als waar ook de das oorspronkelijk zijn leefgebied heeft. De kleur van de bloemen (half-bolvormige schermpjes met een diameter van ca. 2 cm) is wit. Hoogte 20-30 cm, bloeitijd april-mei. Bijzonderheden: direct na ontvangst planten omdat de bolletjes gevoelig zijn voor uitdrogen. Als ze zich echter eenmaal ergens gevestigd hebben en zich daar thuisvoelen, heb je ze voor eeuwig in de tuin als een bijna-lastig soort onkruid. Het donkergroene glanzende blad is eetbaar en geeft een extra aroma aan bijvoorbeeld sla; het verdwijnt volledig na de bloei. Deze *Allium*-soort heeft de sterkste uiengeur van allemaal.

Voor zon of schaduw
Een buitenbeentje onder de *Allium*-soorten dat het zowel in de zon als in de schaduw goed doet, is:

- A. *moly* (goudlook). Diepgele vrolijke schermbloemetjes van zo'n 4 cm in diameter. Het blad is grijzig groen, vrij breed en stevig. Hoogte 20-25 cm, bloeitijd mei-juni, vaak tot in juli. Bijzonderheden: deze *Allium*-soort groeit eigenlijk overal en is verrassend als aanvulling op reeds aanwezige onderbeplanting.

E*remurus* – Woestijnkaars, sierzweep of naald van Cleopatra
Oorspronkelijk groeigebied: gebergten van Azië, van de Kaukasus tot West-China. Standplaats in de tuin: in een goed doorlatende, voedselrijke maar tegelijkertijd zanderige grond op een warme, beschutte plek waar de enorme bloemstengels geen last van de wind kunnen hebben. Kleuren: oranje, roze, wit of geel, afhankelijk van de soort of variëteit. Hoogte variërend van 60 cm tot 250 cm. Bloeitijd mei-juni.
Bijzonderheden: E*remurus* moet ondiep geplant worden, en wel zodanig dat de bovenkant van de neus net niet boven het aardoppervlak uitkomt. Het blad komt in maart-april als een groene koker boven de grond uit en kan in die periode te lijden hebben van nachtvorst, waardoor de punten bruin worden. Als die kans aanwezig is kan er als voorzorgsmaatregel tijdelijk een omgekeerde bloempot overheen worden gezet. Mooi is het blad echter niet en daarom is het aan te raden om E*remurus* aan te planten tussen andere planten die dat blad camoufleren.
De bloeiwijze is echter adembenemend; vele tientallen stervormige bloemetjes vormen een gigantische aar. De bloemetjes veranderen in kogelvormige, groene vruchtjes, wat de sierwaarde van het gewas zeer zeker vergroot. Tevens een goede snijbloem en prachtig in grote boeketten met roodbladige hazelaar.

- E. *bungei*. Goudgeel, hoogte 90 cm, bloeitijd juni.
- E. *himalaicus*. Wit, hoogte tot 250 cm, bloeitijd mei-juni.
- E. 'Pinocchio'. Koperkleurig oranje, hoogte 120-150 cm, bloeitijd juni.
- E. *robustus*. Roze, hoogte tot 250 cm, bloeitijd juni.

Kaarsrecht en stevig, ook na de bloei, is *Allium nigrum*, een hoge groenwitte sieruiensoort. Zelfs op wat meer beschaduwde plekken doet deze het nog goed.

Lilium – Lelie
Oorspronkelijk groeigebied: in overwegend bergachtige streken met een gematigd klimaat, alleen op het noordelijk halfrond. Standplaats in de tuin: afhankelijk van de soort. Bijzonderheden: de lelie behoort tot de oudste tuinplanten. Vanaf de vroegste tijden gold zij als zinnebeeld van reinheid en onschuld en ook werden haar medicinale kwaliteiten toegeschreven.
Tegenwoordig is er een enorm sortiment aan gekweekte vormen met een scala aan kleuren, vormen en hoogtes. Voor mijn gevoel komen echter de species (de botanische vormen) het meest in aanmerking voor de tuin die een wat nonchalante indruk mag maken.
Voor alle lelies geldt dat ze – de een meer, de ander minder – last hebben van het leliehaantje; zowel het rode kevertje zelf als de gele larven vreten aan blad en knoppen. In mijn eigen tuin zijn L. *regale* en L. *martagon* daartegen het best bestand. De enige remedie is: wegvangen.

- L. *candidum* (madonnalelie). Standplaats in de tuin: in vruchtbare, goed doorlatende, kalkrijke grond. Evenals L. *regale* en L. *testaceum* wil deze leliesoort met haar bloemen in de zon, maar schaduw op haar voet: dus planten tussen andere beplanting. Kleur: stralend wit met gele meeldraden. Hoogte 100 cm, bloeitijd juli-augustus. Bijzonderheden: anders dan andere lelies moet *Lilium candidum* ondiep geplant worden; een paar centimeter aarde op de bol is genoeg. De bloem heeft een aparte geur die de een heerlijk en de ander onaangenaam vindt.
- L. *martagon* (Turkse lelie). Zo genoemd omdat de bloemvorm op een tulband lijkt. Standplaats in de tuin: in goed doorlatende, voedzame grond, in zon en schaduw. Kleur paarsrood, hoogte 100-120 cm, bloeitijd juni. Bijzonderheden: de hangende bloemen staan trapsgewijs in kransen rondom de stengel. Omdat deze vorm ook wortels boven de bol aan de stengel maakt, moet ze minimaal 12-15 cm diep worden geplant. *Lilium martagon* bloeit niet altijd meteen in het eerste jaar na aanplant. Toen ik dat nog niet wist was het een vreselijke teleurstelling dat de bollen waar ik zoveel verwachtingen van had, "het niet deden". En groot de verbazing toen ze er opeens het jaar daarop wel waren. Sindsdien zijn het er jaarlijks steeds meer geworden.
- – L. *martagon* 'Album'. De witte vorm.
- L. *regale* (koningslelie). Standplaats in de tuin: in goed doorlatende, vruchtbare grond; in de zon, maar met schaduw op de voet van de plant. Kleur: wit met gele meeldraden, aan de buitenzijde met roodbruine vegen. De grote, trompetvormige bloemen staan in een krans rondom de top van de 100 cm hoge stengel. Bloeitijd juli. Bijzonderheden: met de typische leliegeur.
- L. *testaceum*. Standplaats in de tuin: zie voorgaande soort. Abrikoosgeel met opvallende oranjerode meeldraden. Hoogte ca. 100-120 cm, bloeitijd juni-juli.

Drie keer moet je kijken om te ontdekken wat dit nu precies is. _Allium sativum ophioscorodon_ (aesculaap-ui) begint met een flinke krul in zijn stengel die recht trekt als het stadium van bloeien aanbreekt.

Gladiolus – Gladiool
Een naam die velen koude rillingen bezorgt omdat hij geassocieerd wordt met de altijd topzware en uit de toon vallende grootbloemige gladiolen. De vorm die hier echter besproken wordt is kleinbloemig, bloeit veel eerder en kan vast blijven staan.

- G. *communis byzantinus*. Oorspronkelijke groeigebieden: Zuidwest-Europa en Noord-Afrika. Standplaats in de tuin: op goed doorlatende grond in de volle zon. Kleur violetroze, hoogte 60 cm, bloeitijd juni.

Najaarsbloeiers

Een grote sprong over de zomer heen brengt ons bij een drietal geslachten najaarsbloeiende bolgewassen dat ook zeker de moeite waard is. Niet alleen vanwege die uitzonderlijke bloeitijd, maar ook omdat ze in een verder meestal door robuuste najaarsbloeiers gedomineerde tuin even weer een accent van gratie en lieflijkheid toevoegen.

Colchicum – Herfsttijloos
Dankt haar Nederlandse naam aan het feit dat de plant zich niets van de tijd lijkt aan te trekken: zij bloeit in het najaar en produceert in het voorjaar pas blad en vruchten. Oorspronkelijke groeigebieden: Turkije, West-Azië en op verschillende plekken in Europa. Standplaats in de

Foto blz. 120: Statige koningslelies (*Lilium regale*) regeren over een border waarin vooral bladvormen (van *Geranium*- en *Artemisia*-soorten) de aandacht vragen. Alleen de felle bloemen van *Geranium psilostemon* proberen de lelies naar de kroon te steken.
Foto blz. 121: Lilium martagon (Turkse lelie) en *Hydrangea arborescens* 'Annabelle' zijn goede buurplanten. Beide houden van een enigszins beschaduwde, niet te droge plek en dragen bij aan elkaars schoonheid juist omdat ze zo verschillend van uiterlijk zijn.

tuin: vruchtbare, goed doorlatende en enigszins vochthoudende grond op een warme, zonnige plek. Bijzonderheden: alle *Colchicum*'s produceren vanaf maart groot blad in behoorlijke hoeveelheden. Bijna overal lees je in de beschrijvingen dat dit als een minpunt beschouwd wordt, maar zelf denk ik dat in een goede combinatie met een fijnbladige bodembedekker zoals *Cotula hispida*, *Acaena microphylla* 'Kupferteppich' of *Vinca minor* dit blad zeker sierwaarde heeft.
De knollen van *Colchicum* worden in augustus-september, maar in ieder geval zo spoedig mogelijk na ontvangst, geplant op een diepte van 10 cm.
- C. *autumnale*. Lilaroze, hoogte 15 cm, bloeitijd september.
– C. *autumnale* 'Album'. De witte variant.
- C. *bornmuelleri*. Lilaroze met een witte keel, hoogte 15 cm, bloeitijd september.
- C. 'Violet Queen'. Paarsroze met een witte keel, hoogte 20-25 cm, bloeitijd september-oktober. Bijzonderheden: goed bestand tegen najaarsbuien.
- C. 'Waterlily'. Lilaroze met dubbele, op een roze waterlelie gelijkende bloemen; hoogte 20 cm, bloeitijd september-oktober.

Cyclamen – Cyclaam

Oorspronkelijk groeigebied: bossen en velden in landen rondom de Middellandse Zee. Standplaats in de tuin: in een goed doorlatende, humusrijke en zo mogelijk ook enigszins kalkrijke grond in gedeeltelijk schaduw. Bijzonderheden: de knollen moeten van tevoren geweekt worden en mogen bij het planten (planttijd: augustus-september) niet te veel aarde op zich krijgen, hooguit 3 cm. Cyclamen houden er niet van verplant te worden en gaan het pas echt goed doen als ze een aantal jaren vaststaan; dan zullen ze zich ook vermeerderen door middel van uitzaaiing. Ieder jaar mulchen met een dun laagje goed verteerde bladcompost zo gauw het blad minder mooi begint te worden, is een voorwaarde voor hun voortbestaan. Maar het blijven lastpakken, want ze willen ook niet op dezelfde manier als andere bollen in combinatiebeplantingen worden gebruikt. Dat komt omdat ze ten aanzien van hun eigen plek en de manier waarop ze verzorgd willen worden nogal veeleisend zijn. Daarom hier een andere mengvorm: grote groepen cyclamen, afgewisseld door bijpassende bodembedekkers zoals labradorviooltje (*Viola labradorica*), lievevrouwebedstro (*Galium odoratum*), blauwe onschuld (*Omphalodes verna*) en bosanemoontjes (*Anemone nemorosa*).
- C. *cilicium*. Bleekroze; met crèmegrijs gemarmerd blad. Hoogte 10 cm, bloeitijd september-november.
- C. *coum*. Kleur variërend van zachtroze tot dieppaars, hoogte 10 cm, bloeitijd december-april.
- C. *hederifolium*. Van licht- tot donkerroze, hoogte 10-15 cm, bloeitijd eind augustus-november. Bijzonderheden: na de bloemen verschijnt het wintergroene blad, dat minstens zo decoratief is: hartvormig en met zilver doorspikkeld en inderdaad gelijkend op het blad van *Hedera* (klimop).

Crocus – Krokus (najaarsbloeiend)

Oorspronkelijk groeigebied: bijna alle landen rondom de Middellandse Zee. Standplaats in de tuin: op vrijwel alle gronden, mits de plek maar zonnig, warm en droog is. Er bestaan meerdere soorten najaarsbloeiende krokussen, maar de eerlijkheid gebiedt me hier te zeggen dat ik er niet zo veel ervaring mee heb. De meeste najaarsbloeiende krokussen vallen namelijk nogal snel om en zijn daarom eigenlijk alleen te gebruiken wanneer ze tussen vaste planten geplaatst worden waar ze in blijven "hangen". Wel zijn de meeste soorten heel geschikt voor potten en vooral voor in hanging baskets.
Diverse kwekers hebben een behoorlijk aantal soorten en

Gladiolus communis byzantinus is te mooi om te lang onbekend te blijven. Hier naast *Geranium endressii* 'Wargrave Pink', een soort die lang bloeit met tere bloemetjes en daarbij ook nog opvallend mooi blad heeft.

variëteiten in de aanbieding en het loont zeker de moeite om ermee te experimenteren. Zelf heb ik tot nu toe de beste resultaten geboekt met *Crocus speciosus*. Herfstbloeiende krokussen moeten direct na ontvangst geplant worden.

- C. *speciosus* ssp. *speciosus*. Lilaroze, hoogte 15-20 cm, bloeitijd september-november. Bijzonderheden: dit is een van de beste soorten voor verwildering, ook op plekken waar wat schaduw komt.
- C. *speciosus* 'Conqueror'. Hemelsblauw; grote bloemen met gele meeldraden die bijen aantrekken. Hoogte 15-20 cm, bloeitijd oktober.

Even lijk je op het verkeerde been gezet te worden, maar dan blijkt dat dit de bloemen zijn van *Colchicum bornmuelleri*. Zo kan een rand met vrouwenmantel er aan het eind van het seizoen toch nog even heel anders uitzien.

Geraadpleegde literatuur

Internationaal Bloembollen Centrum: diverse publicaties, waaronder:

- *Herkenning en gebruikswaarde van Bol- en Knolgewassen*
- *Hollandse Bollen*
- *Informatie Bijzondere Bolgewassen*

KAVB: *International Checklist for Hyacinths and Miscellaneous Bulbs*

Royal Horticultural Society: *Plant Guides: Bulbs*

Paul Schauenberg: *The Bulb Book*

Diverse bollencatalogi

Register

Vet gedrukte bladzijdenummers verwijzen naar de plantenbeschrijvingen, onderstreepte naar afbeeldingen van bolgewassen.